U0921694

在这个“一切皆为数据”的时代
看我们的社会如何被“大数据”影响着

大数据

政府治理新时代

新玉言　李　克◎编著

BIG DATA

台海出版社

图书在版编目（CIP）数据

大数据：政府治理新时代 / 新玉言，李克编著．—北京：台海出版社，2016.1

ISBN 978-7-5168-0528-2

Ⅰ.①大… Ⅱ.①新… ②李… Ⅲ.①国家行政机关—行政管理—研究 Ⅳ.①D035

中国版本图书馆 CIP 数据核字（2016）第 001629 号

大数据：政府治理新时代

编　　著：新玉言　李　克

责任编辑：刘　路

装帧设计：张子航　　　　版式设计：红　英

责任校对：史小东　　　　责任印制：蔡　旭

出版发行：台海出版社

地　　址：北京市朝阳区劲松南路 1 号　　邮政编码：100021

电　　话：010-64041652（发行，邮购）

传　　真：010-84045799（总编室）

网　　址：www.taimeng.org.cn/thcbs/default.htm

E-mail：thcbs@126.com

经　　销：全国各地新华书店

印　　刷：河北信德印刷有限公司

本书如有破损、缺页、装订错误，请与本社联系调换

开　　本：710 mm×1000 mm　1/16

字　　数：220 千字　　　　印　张：16.25

版　　次：2016 年 6 月第 1 版　　印　次：2024 年 1 月第 2 次印刷

书　　号：ISBN 978-7-5168-0528-2

定　　价：58.00 元

序：大数据时代，政府治理的革命

这本书试图和你一起探讨的是大数据时代的政府治理，以及政府运作方式的升级和创新。

大数据时代是一个什么样的时代？是“一切皆为数据”的时代。也就是说，一切事物皆可以以数据的形式呈现出来，并用技术手段加以处理、加工、运用。阿尔文·托夫勒（Alvin Toffler）在他的《第三次浪潮》一书中预言：“如果说IBM的主机拉开了信息化时代的序幕，那么，大数据则是第三次浪潮的华彩乐章”。

人类文明进步的每个阶段都有一张最具代表性的历史标签：19世纪是煤炭和蒸汽机，20世纪是内燃机、石油和电力。进入21世纪，由信息技术和互联网所引发的新一轮科技革命和产业变革更加深刻地诠释着人类进步的征程。其中，最具时代标志性的标签非大数据莫属，它好比是21世纪的石油和金矿，是一个国家提升综合竞争力的又一关键资源。

大数据既是一类数据，也是一项技术。作为数据，它呈现容量大、增长速度快、类别多、价值密度低等特征；作为新一代信息系统架构和技术，它能够对数量巨大、来源分散、格式多样的数据进行采集、存储，并进行关联性分析。大数据通过数据整合分析和深度挖掘，发现规律、创造价值，进而建立起从物理世界到数字世界和网络世界的无缝链接。大数据时代，线上与线下、虚拟与现实、软件与硬件重叠交错、跨界融合，将重塑我们的认知和实践模式，开启一场新的产业突破与经济转型。

我们正处于大数据变革的时代。移动互联网、智能终端、新型传感器快速渗透到地球的每一个角落，人人有终端、物物可传感、处处可上网、时时在链接，数据增长速度用几何式增长甚至爆发式增长都很难形容得贴切。有机构预计，到 2020 年全球数据使用量将达到约 44ZB（1ZB = 10 万亿亿字节），将涵盖经济社会发展各个领域。由此产生的革命性影响将重塑生产力发展模式，重构生产关系组织结构，提升产业效率和管理水平，提高政府治理的精准性、高效性和预见性。毋庸置疑，大数据将创造下一代互联网生态、下一代创新体系、下一代制造业形态以及下一代社会治理结构。

政府治理是一个动态的过程，受社会经济、政治结构、技术变革、文化环境等多因素的综合影响。技术变革是政府治理现代化的重要推动力量，大数据作为一种新技术，推动全球进入一个将数据当作核心资产的新时代，推动社会朝着更加开放、权力更分散和网状大社会方向发展。

技术手段的革新，当然会对政府治理方式产生根本性的影响。一方面，新技术的影响将会贯穿治理的各个环节，例如组织形式、治理模式、决策过程、政策实施，等等。另一方面，技术革命给整个社会的运作方式也带来了颠覆性的变化，也就是说，政府管理者所面对的是一个全新的治理对象，这也反过来倒逼政府治理方式进行相应的变革。

大数据时代背景下的社会将是一个更开放的社会、一个权力更分散的社会、一个网状的大社会，社会将具有更强的流动能力，并呈现个性化、社会化和网络化等特征。这些新变化与新特征或多或少会影响政府治理的方方面面。

一份行业报告显示，英国政府通过高效地使用公共大数据的技术每年可以节省 330 亿英镑，相当于英国人每人每年节省 500 英镑。

在党的十八届三中全会上，有一个提法，“全面深化改革的总目标是完善和发展中国特色社会主义制度，推进国家治理体系和治理能力现代化。”其中最关键的两个字是“治理”，这个“治理”和治国、管理都有联系，但是还有比较大的区别。“治理”是强调多元主体的管理，民主的，参与式、互动式的管理，而不是单一主体管理，不一定是从上到下单线的管理，所以国家管理者、广大群众、各组织、各单位都是主体之一，从过去的一个主体变为多主体，从过去单向的从上到下管理变成各个方向协调的治理。

正如国务院在 2015 年 8 月 31 日印发的《促进大数据发展行动纲要》（以下简称《纲要》）中所说，在信息技术覆盖社会各领域的今天，“数据已成为国家基础性战略资源，大数据正日益对全球生产、流通、分配、消费活动以及经济运行机制、社会生活方式和国家治理能力产生重要影响”。因此，《纲要》中提出了“促进大数据产业健康发展”和“加快建设数据强国”的指导思想。

在《纲要》提到大数据对中国的意义时，不但提到大数据成为推动经济转型发展的新动力、重塑国家竞争优势的新机遇，还重点提到，“大数据成为提升政府治理能力的新途径”。推动大数据发展和应用在未来5—10年逐步实现以下目标：

“将大数据作为提升政府治理能力的重要手段，通过高效采集、有效整合、深化应用政府数据和社会数据，提升政府决策和风险防范水平，提高社会治理的精准性和有效性，增强乡村社会治理能力；助力简政放权，支持从事前审批向事中事后监管转变，推动商事制度改革；促进政府监管和社会监督有机结合，有效调动社会力量参与社会治理的积极性。2017年底前形成跨部门数据资源共享共用格局。”

“围绕服务型政府建设，在公用事业、市政管理、城乡环境、农村生活、健康医疗、减灾救灾、社会救助、养老服务、劳动就业、社会保障、文化教育、交通旅游、质量安全、消费维权、社区服务等领域全面推广大数据应用，利用大数据洞察民生需求，优化资源配置，丰富服务内容，拓展服务渠道，扩大服务范围，提高服务质量，提升城市辐射能力，推动公共服务向基层延伸，缩小城乡、区域差距，促进形成公平普惠、便捷高效的民生服务体系，不断满足人民群众日益增长的个性化、多样化需求。”

《纲要》还对“加快政府数据开放共享，推动资源整合，提升治理能力”提出了具体的要求。

2015年10月，党的十八届五中全会通过的《中共中央关于制定国民经济和社会发展第十三个五年规划的建议》中提到：“实施国家大数据战略，推进数据资源开放共享。”当前，工信部在制定《大数据产业“十三五”发展规划》外，还将出台促进大数据产业发展的推进计划，促进规划、标准、技术、产业、安全、应用的协同发展。

治大国要有大智慧，大智慧需要“心中有数”，这个数，是大数据的“数”。科学决策的来源应该是基于数据，而不是主观臆断。数据最真实。

毋庸置疑的是，大数据的影响已然发生，大数据的时代已经到来，如何准确辨析新形势，快速应对新变化，正确采取新措施，这是政府治理工作在新时代背景下需要认真思考和积极应对的。

目　录

第一章　大数据带来的时代变革

1. 大数据是怎么回事

用大数据读懂一座城市

大数据（Big Data）的概念既容易让人望文生义，也容易让领域外的非专业人士望而生畏。最理想的讲述方式是在把专业领域外的读者吓跑之前，不要急于展开专业性过强的讨论。那最好的方式，就是以具体的例子来开头。

目前，中国有一半以上的人口生活在大大小小的城市中。城市不仅为人们提供工作机会，也满足着休闲、娱乐、教育等多方面的需求。在传统时代，我们通常只从平面地图和县志、年鉴统计中来理解一个城市。例如一般只能通过宏观统计数字来把握一个城市的人口密度和一个地区的经济圈结构等整体状况。

如果更进一步，我们把尺度变得更小一些，我们可以用城市街道立体图这种手段来观察和研究一个城市，比如了解各个城市乡镇街道的人口总量和人口密度分布。

虽然这些图像比较直观，但是有一个最大的问题，它是静态的、平面的和粗放的。传统的统计数据可以让我们了解城市的脉络。但人是流动的，整个城市也是流动的。我们无法从中看到时间如何在城市中流逝、人们在城市中如何运动。可以说，当具体到某一个城市的时候，在这个复杂、动态的系统之中，每个人只能看到自己周围的生活，而几乎无法了解整个城市的场景。例如，在常住人口超过2300万的北京，一个个体可能穷尽一生都无法彻底读懂这座城市。

有了“大数据”这一信息时代的新技术利器，情况就大不一样了。像使用卫星地图监控城市和农村的土地开发、使用状况一样，现在利用大数据，在不同层次监测人口聚集，就能更好地回答“人在哪儿”的基本问题。大数据可以实时、立体、动态和精确地反映出城市中的人“在哪儿”，把时间维度放进城市空间分析，重新理解城市中人的活动，从而为城市管理提供更有效的信息。

例如，百度曾经推出的百度热力图业务中，就显示了实时的网格人口数据，选择工作日上午10点和夜间23点，分别代表上班工作和下班居家的活动状态，由此得出城市的职住中心。然后，通过对北京市某一天两个时段的人口集聚区及稀疏区的大数据分析对比，我们可以发现城市白天和黑夜的不同形态。第一种空间，白天熙熙攘攘的金融街、国贸、西单、王府井等商业就业中心，到了晚上一片寂静；第二种空间，集商业、就业、居住于一体的中关村、五道口、六道口、知春路等地，无论白天黑夜均集聚大量人气；第三种空间，回龙观、天通苑、北苑、宋家庄等主要以居住为主的地区，体现了睡城的基本特征。由此，大数据可以帮助我们了解城市居民如何使用城市空间，进行实时动态监测。

在以往的“小数据”时代，人们往往只能根据直观的经验来判断城市的人口迁移状态，这种基于经验的判断不但不准确，也无法把握城市的全貌。而像上面这样一目了然的分析结果，无论是对于普通市民，还是对于城市的管理者，无疑是极具意义的。

热力图使原来似乎静止的、冷冰冰的数据一下子有了生命力。热力图的数据来源，主要是靠智能手机应用 APP 和网络授权手机定位以及通话记录来的。类似百度热力图这样地图的出现，显示出大数据时代越来越深入地影响着人们的生活。

大数据总体上是指大小和信息量超过传统规模的海量数据资料。Web、移动设备和其他技术的出现导致数据性质的基本性变化。大数据具有奇特的特性，这种特性使得它与“传统”企业数据区别开来。与以往任何时间相比，现在的数据不再集中化、高度结构化而且易于治理，而是高度疏散的、结构松散（如若存在结构的话）而且体积越来越大。

源自城市的丰富数据可以让我们了解人们怎样组织起来，无论组织的规模有多大。可视化城市话语提供了种种方法，有抽象的，也有直观的、形象的。信息可视化是一个跨学科的领域，涉及平面设计、人机交互、计算机图像学以及数据挖掘。这个学科的目的是为广大受众综合大量的数据，从数据中提炼并澄清信息。这里所说的具体方法，分为相片、图像、漫画以及扭曲等方法，从而得以描述可视化的不同方式。通过这种形象的方法，我们把图像与漫画引入到了数据的国度，使用可视化的隐喻，引入变形的视觉效果，来强调数据的某些特定方面。这使得我们能够使用有趣的类比，构建视觉效果，来向学术圈外的一般大众传达城市的本质特征。

比如，通过新闻大数据对用户数据进行可视化解读，可以从城市、时代、商业、文化和生活等数据维度提炼出一个城市特有的态度标签。依靠数据提升精细化的规划和管理水平后，我们的城市就可以更好地满足不同人群的基础设施和公共服务需求，最大化发挥有限设施的服务水平，提高其使用效率。可以说，大数据让城市和生活更加融合，让空间和市民更加贴近，最终能让我们的城市生活更加美好。

大数据有多“大”?

在1分钟之内，“新浪微博”就发送了数万条微博，苹果应用商店下载次数以万计，淘宝卖出了几万件商品，百度产生了百万次搜索查询……所有这些事件，以及事件背后的人的行为都可以由海量的数据来勾画和呈现出来。互联网搜索引擎是大数据最为典型的应用之一。2013年时，百度技术委员会理事长陈尚义曾透露：“百度每天处理的数据量将近100个PB，1PB就等于100万个G，相当于5000个国家图书馆的信息量的总和。”到2015年，百度每天处理的搜索请求超过60亿次。

随着信息技术特别是信息通讯技术的发展，互联网、Web 2.0、社交网络、物联网、移动互联网、云计算等相继进入人们的日常工作和生活中，全球数据信息量呈指数式爆炸增长之势。继云计算后，大数据成为信息技术领域最为热门的概念之一。移动互联时代，数以百亿计的机器设备、企业和个人在随时随地产生并获取新的数据。即便是在“摩尔定律”——每18个月芯片性能将提高1倍——的支撑下，硬件性能进化的速度也早已赶不上数据增长的速度，并且差距越来越巨大。

一组名为“互联网上一天”的数据告诉我们，一天之中，互联网产生的全部内容可以刻满 1.68 亿张 DVD；发出的邮件有 2940 亿封之多（相当于美国两年的纸质信件数量）；发出的社区帖子达 200 万个（相当于《时代》杂志 770 年的文字量）；卖出的手机为 37.8 万台，高于全球每天出生的婴儿数量 37.1 万……再比如说医疗，现在到医院看病都要做 CT，清晰度很高达 300 多兆，一个病人 CT 影像往往多达两千幅，数据量已经到了几十个 GB，今天中国大城市的医院每天门诊上千人，全国每年住院已经达到了两亿人次，按照医疗行业的相关规定，一个患者的数据通常需要保留 50 年以上，累积了一个庞大的数据量。

截止到 2012 年，人类社会所产生的数据量已经从 TB（1024GB = 1TB）级别跃升到 PB（1024TB = 1PB）、EB（1024PB = 1EB）乃至 ZB（1024EB = 1ZB）级别。国际数据公司（IDC）的研究结果表明，2008 年全球产生的数据量为 0.49ZB，2009 年的数据量为 0.8ZB，2010 年增长为 1.2ZB，2011 年的数量更是高达 1.82ZB，相当于全球每人产生 200GB 以上的数据。截止到 2012 年，人类生产的所有印刷材料的数据量是 200PB，全人类历史上说过的所有话的数据量大约是 5EB。IBM 的研究称，整个人类文明所获得的全部数据中，有 90% 是过去两年内产生的。而到了 2020 年，全世界所产生的数据规模将达到今天的 44 倍。

每一天，全世界会上传超过 5 亿张图片，每分钟就有 20 小时时长的视频被分享。然而，即使是人们每天创造的全部信息——包括语音通话、电子邮件和信息在内的各种通信，以及上传的全部图片、视频与音乐，其信息量也无法匹及每一天所创造出的关于人们自身的数字信息量。这样的趋势会持续下去。

数字化时代，每个人每分每秒都在创造数据，在浏览的网站上、在使用的设备中、在各种通信服务系统里，数据都以指数级的速度在数量和类型上快速增长。除了个人而外，还有企事业组织，政治、经济各部门也在产生数据。更何况在物联网中，各种设备也在不断产生各种各样的数据。

为什么会出现这么大的数据量？因为随着电子化的普遍出现，企业已经积累了大量的电子数据，企业将这大量的电子数据再利用、再挖掘，应用在社会上，便出现了大数据量。平时生活中的大数据自古以来就存在，只是原来没有被电子化、信息化、结构化，所以大家对它茫然不知。现在随着技术发展，这些数据越来越多地涌现出来。

目前社会上数据量每天都在以几何数爆发。如何处理这些数据呢？以前都是把数据存到硬盘上、存到磁盘上做，需要传统的技术。现在更新的技术是所谓的实时把数据放在内存当中去处理。以前内存主要用于数学运算，现随着硬件系统成本的下降，以及一些架构技术上的突破，可以把数据放在内存当中查询和处理，和下面的磁盘几乎不发生关系。于是这种快速的查询方法给大数据的处理带来了技术上的可能。这是大数据的处理技术，这个技术可以帮助各行各业进行大规模的、有目的、有秩序的数据处理。

数据采集得越多，变量越多，由此带来的数据“噪音”也越多。在大数据的海洋中，有相当一部分是无用的数据。有些数据对企业暂时没有用，有些则永远没用。大数据本身良莠不齐，如何才能更好地判别数据价值？有的业内专家认为，那些现在看起来无效的数据，几年后也可能就会随着科技进步被消化，目前只能先把这些数据储存起来。

大数据厂商 Teradata 天睿公司 CTO 宝立明表示，不能一味否定看似无用的数据，它们同样蕴含着价值，它们确切的说法应该是低价值密度数据；企业只是尚未找到其价值体现手段，因此可以用低成本的存储服务器加以保留。例如，当人们通过搜索引擎检索时，会出现一些习惯性的拼写错误。这些错误数据虽然表面上没有意义，但通过收集这些数据却可以发现大量的用户习惯和规律。

目前的情况是，学术界和企业界并没有形成一个通用的大数据法则，每个企业都需要根据自身情况去制定自己的标准，从而帮助自己更好地消化这些数据。如车企需要的数据体量比较小，但单个数据的价值很高，并且这些数据在一段时间内还会进一步发挥价值。相比之下，快销品的用户倾向于持续购买，因此快销行业的大数据系统都在百万千万级别。所以，行业不同，对数据挖掘的周期、维度也不同。也有专家指出，虽然数据是真实的，但是它会有偏向性，不同的分析方式，会有不同的解读，所以它可能并不完全客观。要审慎地用正确的方法处理数据，才能获得正确的信息。

大数据的概念

虽然名为大数据，但又绝不能简单等同于“大”的数据，换言之，并非体量大的数据就有价值。“在地球任意地方捡起一块石头，都可以验出铁元素。但是，说世界遍地都是铁矿一定是不对的。只有石头中铁含量超过一定比例，而石头数量又达到相当规模，这堆石头才能称为铁矿，人们才会对它产生投资开采的兴趣。”曾任雅虎中国总经理的谢文如此深刻点评“数据大”与“大数据”的区别和价值。

大数据这一概念最初来源于IT界，将大数据的特征归纳为4个“V”（数量Volume，多样Variety，价值Value，速度Velocity），或者说能成为大数据的数据必然具备四个层面的特点：

第一，数据体量巨大。大数据的起始计量单位往往至少是P（1024个T）、E（100万个T）或Z（10亿个T）。

第二，数据类型繁多。比如，不仅仅包括数据、报表，还包括视频、图片、地理位置信息等等，多类型的数据对数据的处理能力提出了更高的要求。

第三，价值密度相对较低。如随着物联网的广泛应用，信息感知无处不在，信息海量，但价值密度较低，如何通过强大的机器算法更迅速地完成数据的价值“提纯”，是大数据时代亟待解决的难题。

第四，计算设备可以在极短时间内对其进行分析、处理。

大数据从狭义上讲，是指“无法在一定时间内用常规软件工具对其内容进行抓取、管理和处理的数据集合”；从广义上讲，是从各种类型的海量信息中快速获得有价值信息的能力，它意味着人类思维和决策的方式及方法将进入更高层次。有了大数据的这种能力，人类才能真正从“智能”走向“智慧”。

能构成大数据的数据还应该具备一些特征，例如其来源往往是来自机器设备的数据，而不是人工数据。举个例子，温度计量出来的数据，它是不以人的主观意志为转移的，这样的数据就可以构成大数据。再例如数据可被计算设备加工处理。不能被计算设备记录、存贮、网络传送、加工处理的数据不能构成大数据。例如，填写在纸上的数据表格，如果不输入计算机，就没法构成大数据；而上面提到的温度计，如果被设计成感应式终端，置于物联网中，它的一端与人体相连，另一端通过无线网络与计算机联结，把体温数据传送到医生那里，就能构成有意义的大数据。应该说，数据自古有之，而现在所谓的大数据和以往不一样的关键点在于有了统一融合的网络平台。换句话说，数据不但有大小之分，还因为网络而有了生命。因为有了网络，个体的数据可以变成整体的数据，破碎的数据可以变成互联的数据，衰老的数据可以变成鲜活的数据。数据是有它的生命周期的，这个基本原因是数据生活在网络平台上，网络是大数据应用的血液和神经。

如果同事递给我一张工资表、营收增长表，上面的数据一看之下，可能让我一目了然。但是正如上面提到的，大数据中，占更大比重的是“非结构性的数据”，例如图文、音视频等，这就很难用传统的数理统计方法来判别、分析，但大数据的理念，让这些非结构性的数据同样有了其数据价值。

大数据时代，数据衡量度向纵深定义，我们有了 TB（1TB = 1024GB）、PB（1PB = 1024TB）、EB（1EB = 1024PB）、ZB（1ZB = 1024EB）、YB（1YB = 1024ZB）、BB（1BB = 1024YB），数据规模蓬勃发展。同时，需要分析处理的数据类型也正在不断扩展，我们从传统的结构化数据（二维表数据）向越来越多原先无法用常规软件深化分析的非结构化数据扩展，如文本、图形、语音、视频等。随着互联网上各种应用不断涌现，诸如社交网络、电子商务、众包平台、位置服务等，非结构化信息的增长远快于结构化数据的增长。不断发展的信息技术和方法，使我们的视野、我们的能力进入更广更深的领域，就像人类有了天文望远镜我们能探知浩瀚的宇宙一样，如今我们已经进入能够探索和应用规模形态超常的“大数据原矿”的时代。

显而易见的是，大数据时代的到来，是以信息时代、互联时代的到来为技术背景和时代背景的。没有 IT 技术的发展，没有计算机和互联网的普及应用，就谈不上大数据时代。在各种光纤网络中飞速流淌的数据流，才可以称为大数据。一台断网的、信息孤岛上的电脑上所存贮的内容，即使再重要、再有价值，也无法构成大数据的一分子。是那些可流动、或者说可传送的数据构成了大数据。

以往人们并不是不掌握数据，只是没有有效的技术条件去充分挖掘它们。换句话说，以往人们不认为是有价值的数据，现在成了数据。例如网站，以往“流量为王”的时代，它可能会很关注有多少注册用户；一篇文章、页面的点击率，但这只是小数据。大数据统计的是，诸如：该网页的点击时段分布、IP 分布，乃至于点这个网页的用户还点击浏览了哪些网页。渐渐的，一个个特征鲜明的正在上网的人的形象被大数据刻画出来了。数据变得不再平面，不再是冷冰冰的，而是开始活灵活现了。

在信息技术领域，原先已经有“海量数据”“大规模数据”等概念，但这些概念只着眼于数据规模本身，未能充分反映数据爆发背景下的数据处理与应用需求，而“大数据”这一新概念不仅指规模庞大的数据对象，也包含对这些数据对象的处理和应用活动，是数据对象、技术与应用三者的统一。

大数据对象既可能是实际的、有限的数据集合，如某个政府部门或企业掌握的数据库，也可能是虚拟的、无限的数据集合，如微博、微信、社交网络上的全部信息。

大数据应用是对特定的大数据集合，集成应用大数据技术，获得有价值信息的行为。对于不同领域、不同企业的不同业务，甚至同一领域不同企业的相同业务来说，由于其业务需求、数据集合和分析挖掘目标存在差异，所运用的大数据技术和大数据信息系统也可能有着相当大的不同。惟有坚持“对象、技术、应用”三位一体同步发展，才能充分实现大数据的价值。

大数据是信息技术与专业技术、信息技术产业与各行业领域紧密融合的典型领域，有着旺盛的应用需求、广阔的应用前景。为把握这一新兴领域带来的新机遇，需要不断跟踪研究大数据，不断提升对大数据的认知和理解，坚持技术创新与应用创新的协同共进，加快经济社会各领域的大数据开发与利用，推动国家、行业、企业对于数据的应用需求和应用水平进入新的阶段。

就像电力技术的应用不仅仅是发电、输电那么简单，而是引发了整个生产模式的变革一样，基于互联网技术而发展起来的“大数据”应用，将会对人们的生产、生活产生颠覆性影响。数据的挖掘和分析只是整个变革过程中的一个技术手段，而远非变革的全部。

对于工业生产来说，“大数据”的本质是基于互联网基础上的信息化应用，其真正的“魔力”在于信息化与工业化的融合，使工业制造的生产效率得到大规模提升。

简而言之，“大数据”并不能生产出新的物质产品，也不能创造出新的市场需求，但能够让生产力大幅提升。正如《大数据时代：生活、工作与思维的大变革》的作者维克托·迈尔·舍恩伯格指出：数据的方式出现了三个变化：第一，人们处理的数据从样本数据变成全部数据；第二，由于是全样本数据，人们不得不接受数据的混杂性，而放弃对精确性的追求；第三，人类通过对大数据的处理，放弃对因果关系的渴求，转而关注相互联系。这一切代表着人类告别总是试图了解世界运转方式背后深层原因的态度，而走向仅仅需要弄清现象之间的联系以及利用这些信息来解决问题。

当然，大数据技术的战略意义绝不是仅仅在于谁手里“掌握”了庞大的数据信息，原始数据只具有原材料的意义。更重要的在于对这些含有丰富意义的数据，也就是原材料，进行专业分析处理。如果把大数据看成一种产业，那么这种产业实现盈利的关键就在于提高对数据的“加工能力”，通过“加工”来发现和挖掘数据的价值，真正体现出大数据的价值，并实现大数据的“增值”。

大数据时代的基础设施：云、端、网

云计算、物联网、互联网可简称为云、端、网，它们是与大数据关系最为密切的三个事物。物联网对应了互联网的感觉和运动神经系统。云计算是互联网的核心硬件层和核心软件层的集合，也是互联网中枢神经系统的萌芽。大数据代表了互联网的信息层（数据海洋），是互联网智慧和意识产生的基础。物联网、传统互联网、移动互联网在源源不断地向互联网大数据层汇聚数据和接受数据。

云计算是怎么回事呢？面对互联时代的海量数据，传统的数据处理方式已经不能适应大数据的收集、整理、储存、检索、共享、分析等多重功能。倘若不对这些海量的数据进行“加工处理”，则存储和输送大数据的网络空间就会成为“塞满垃圾信息的旷野”。显然，“大数据”的存在依据是技术信息的飞速膨胀。从经济到文化、从意识形态到社会治理、从政治到国际关系，“大数据”之所以能够在其中发挥着越来越重要的作用，关键就在于大数据背后所隐含的“云计算”（Cloud Computing），它使得大数据被存储、分析、运算在技术上成为可能。

如果单就“大数据”本身而言，它仅仅是对社会事物的“数据化”描述而已，本身谈不上什么更深刻的含义和价值，它更像

是一堆原始的素材。要使“大数据”真正发挥作用，必须与“云计算”等相联系起来。

云计算的基本原理是通过使计算分布在大量的分布式计算机上，而非本地计算机或远程服务器中。企业数据中心的运行将更与互联网相似。这使得企业能够将资源切换到需要的应用上，根据需求访问计算机和存储系统。

对云计算的理解，有人打了个比方：这就好比是从古老的单台发电机模式转向了电厂集中供电的模式。那么，现在把电力替换成运算能力，把发电站替换成计算机互联网，这就意味着计算能力也可以像煤气、水电一样通过网络进行流通、互联共享、取用方便、费用低廉，而且可以付费购买更强大的计算能力。再进一步解释，私人发电厂不能实现远距离传输，服务器内的信息也只能在局域网传播；私人电厂只供企业和个人使用，数据中心的信息也只供企业内部使用。与这种只能供个人、单个企业使用的运算能力不同，以2005年2月Google公司在美国俄勒冈州北部买下三十亩地开始建立一个庞大的服务器技术中心为标志，信息计算的“公用电网”出现了，这就是“云计算”。在这里，包含着数万、甚至数十万廉价CPU和硬盘组成的服务器，这就是信息时代的“中央电厂”，它把原来企业内部的服务器（私人电厂）整合为一台机器集中处理。自此，企业再不用采购昂贵的设备，不必再培养一支庞大的技术队伍，只要手里有一台连接网络的计算机就能通过云计算完成以往需要大量计算设备、技术人员操作完成的天量运算内容，同时，不必考虑数据存储在什么地方。在数字时代，云计算将会成为人类新的“大脑”。

再来看一看物联网。物联网被称作是“物物相联的网络”，在国际上又称为“传感网”，有“全球神经系统”之称。是继计算机、互联网与移动通信网之后的又一次信息产业浪潮。举几个例子来说，在未来的物联网时代，当你从北京开车到天津，上车后只要设置好目的地便可随意睡觉、看电影，车载系统会通过路面接收到的信号智能行驶；不住在医院，只要通过一个小小的仪器，医生就能24小时监控病人的体温、血压、脉搏；下班了，只要用手机发出一个指令，家里的电饭煲就会自动加热做饭，空调开始降温……世界上的万事万物，小到手表、钥匙，大到汽车、楼房，只要嵌入一个微型感应芯片，把它变得智能化，这个物体就可以“自动开口说话”。再借助无线网络技术，人们就可以和物体“对话”，物体和物体之间也能“交流”，这就是物联网。

如果物联网再搭上互联网这个桥梁，在世界任何一个地方我们都可以即时获取万事万物的信息。可以说，物联网加上互联网等于智慧地球。物联网用途广泛，可运用于城市公共安全、工业安全生产、环境监控、智能交通、智能家居、公共卫生、健康监测等多个领域，让人们享受到更加安全轻松的生活。如果把物联网用人体做一个简单比喻，那么传感器相当于人的眼睛、鼻子、皮肤等感官，“接收”各种信息；互联网络相当于神经系统，用来传递信息；云计算则相当于人的大脑，在接收到信息后要进行分类处理。

物联网所产生的大数据与一般的大数据有不同的特点。物联网的数据是异构的、多样性的、非结构和有噪声的，更大的不同是它的高增长率。物联网的数据有明显的颗粒性，其数据通常带有时间、位置、环境和行为等信息。物联网数据可以说也是社交数据，但不是人与人的交往信息，而是物与物、物与人的社会合作信息。

据美国研究机构Forrester预测，物联网所带来的产业价值要比互联网大30倍，将会形成下一个万亿元级别的通信业务。由于物联网在全球尚处于起步阶段，各国基本处在同一起跑线上。因此，抓住难得的战略机遇，加快推进物联网发展，是增强我国国际竞争力的必然选择。国家发改委、科技部、工信部等相关部门分别支持了一批RFID（电子标签）、传感器网络和智能传感器项目，金卡工程还启动了一批RFID行业（地方）应用试点工程。在国家的“十二五”中，物联网十大应用的重点领域分别是智能电网、智能交通、智能物流、智能家居、环境与安全检测、工业与自动化控制、医疗健康、精细农牧业、金融与服务业、国防军事。业内专家认为，到2020年，中国物联网产业将经历应用创新、技术创新、服务创新三个关键的发展阶段，成长为一个超过5万亿规模的巨大产业。最新制定的“十三五”发展规划又提出：实施“互联网+”行动计划，发展物联网技术和应用，发展分享经济，促进互联网和经济社会融合发展。

互联网作为人类文明史上最伟大、最重要的科技发明之一，发展到今天，用翻天覆地来形容也毫不过分。在“互联网+”时代里，互联网对于人类的意义，是其成为了像电网、铁路一样的基础设施，人们的生产、生活一刻也离不开它。而在这个电网上输送的不是电力，而是信息、数据。

就在互联网在人类社会普及之际，移动互联网的出现又把人们引入了一个新的时代。作为传统互联网的延伸和演进方向，移动互联网在近几年得到了迅猛的发展。越来越多的用户得以通过高速的移动网络和强大的智能终端接入互联网，享受丰富的数据业务和互联网服务内容。移动互联网已成为全世界人们接入互联网的主要方式之一。人们曾经热议一时的互联网思维，很快就需要升级为2.0版，变为移动互联网思维。

移动互联网，人们对它最直观的理解来自于智能手机，简单说，就是将移动通信技术和互联网二者结合起来成为一体，可以让人们随时随地与世界相联。截至 2015 年 6 月，中国网民规模达 6.68 亿，互联网普及率为 48.8%。其中，中国手机网民规模达 5.94 亿，占总网民数的 88.9%。从世界上来看，中国的手机保持着第一大上网终端地位，中国的移动互联网发展进入全民时代。随着手机终端的大屏化和手机应用体验的不断提升，手机作为网民主要上网终端的趋势仍将进一步提升。

随着大数据技术的应用发展，在一些重大活动和人流量较大的公共场合，中国移动的大数据分析平台通过对手机用户通信行为的分析，可以及时发布监控区域人员流量数据分析结果，同时，通过中国移动的 4G 视频监控，可以利用前端无线视频采集设备现场采集实时图像，通过高性能的 4G 网络，将前方全高清的音视频信息实时回传至系统平台，实时获取现场监控音视频信息，为各级政府部门提供丰富的信息数据服务、应急指挥辅助决策信息，为政府规划、社会治理、应急处置提供有力的数据支撑。通过无所不在的 4G 网络服务，可以提升政府移动执法、应急指挥、治安管理等应急处理能力。未来，随着 4G 技术的进一步完善，移动互联网将为“互联网 + 政务”领域的信息化发展贡献更大的力量。

大数据时代的数据安全问题

当人们用手机扫描二维码，并将其用微博转发的时候，他的消费习惯、偏好，甚至社交圈的信息就已经被商家、企业的大数据分析工具捕获。随后企业要做的，就是利用大数据对用户的习惯和需要进行精准的分析、挖掘、展现和预测，并向用户提供进一步的信息和服务。

大数据时代，每个人都是数据的贡献者。预计到2020年，一个中国普通家庭一年产生的数据将相当于半个国家图书馆的信息储量。大数据时代到来后，随着互联网技术及其应用的发展，大数据、云计算技术方式的使用，个人信息的价值不断被挖掘、被使用，但是安全保护是一个很大的问题。一个不可回避的事实是，当公众在贡献数据信息时，其信息安全也面临着威胁。

发生在2014年的几起信息安全事件让人记忆犹新。2014年1月，支付宝前技术员工涉嫌将多达20G的用户数据非法贩卖他人事件，引起广泛关注；2月17日，淘宝爆出重大安全漏洞，黑客通过搜索引擎，无需密码即可登录淘宝用户账号，直接获取用户的账户余额、交易记录、收货地址、姓名、手机号码等敏感隐私信息；3月，携程网爆发“安全门”事件，携程网安全支付日志存在漏洞，导致大量用户银行卡信息泄露，引发一场“换卡潮”。个人信息泄露并非只发生在我国。同在2014年1月10日，美国零售巨头塔吉特表示，在该集团发生的数据库失窃事件中，有7000万顾客的付款卡和个人信息被盗取。

岁末年初往往是铁路公安民警最忙的一段时间。在这一时间段铁警的一项重要工作就是打击倒票。2015年春节，全国铁路公安机关集中开展了打击倒票“猎鹰—2015”战役。在这一集中行动中，各地铁路公安机关查处了多起倒票案件，这些案件的一个共同点是：不法分子利用他人信息囤票继而高价倒卖。囤票案件暴露出一个问题——公民个人信息泄露。

同一问题在2014年年底曾引起一场风波，同样与火车票有关。2014年12月25日，12306订票官方网站被指流出约13万用户数据，其中包括姓名、身份证号、手机号、用户名、密码等敏感信息。事发第二天，中国铁路总公司官方微博称，铁路公安机关于12月25日晚将嫌疑人蒋某某、施某某成功抓获，嫌疑人通过手机互联网某游戏网站以及其他多个网站泄漏的用户名和密码信息，尝试登录其他网站进行“撞库”，非法获取用户的其他信息，并谋取非法利益。尽管官方宣称事件由黑客“撞库”所致，但个人信息泄露这一问题仍让公众后怕，尤其是在大数据已经来临的今天。

基于大数据可以对人们的状态和行为进行预测，未被妥善处理的大数据会对用户隐私造成极大侵害。社交网络研究表明，通过群组特性可以发现用户属性。例如通过分析用户的Twitter信息，可以发现用户的消费习惯以及喜好的球队等更深层次的个人信息。大数据安全是一个永恒的话题，重要的是通过技术手段，降低安全风险。

“一方面是数据未经授权被搜集，这种情况发生得比较多。”工信部相关部门的一位负责人说，第二个问题是超范围使用。所谓超范围使用，是指企业通过一定的所谓合法的形式拿到个人信息，但是拿到以后使用信息的目的、用途以及范围，并非信息权利主体所熟知。这种情况包括，当互联网对一些数据信息进行更进一步或者深层挖掘时，这种挖掘在一定程度上有可能侵犯了权利主体的权益。因为互联网企业之前可能告诉权利主体，获取信息是基于特定的目的或者在特定范围内使用，但是进一步挖掘就有可能触犯了约定。个人信息安全面临的第三个问题，与2014年发生的一些信息安全事件有关。“2014年出现的几个案例，都遇到了数据保存问题。前几年，某网络社区也遇到这一问题，社区存储的几千万用户信息被黑客拿到后转卖给第三家，最后造成信息滥用。”工信部相关部门这名负责人说。

总体来说，大数据时代将面临着个人隐私安全、企业信息安全乃至国家安全等三方面的问题。

（一）大数据从概念走向实践，引发个人隐私安全问题

在大数据时代，想屏蔽外部数据商挖掘个人信息是不可能的。目前，各社交网站均不同程度地开放其用户所产生的实时数据，被一些数据提供商收集，还出现了一些监测数据的市场分析机构。通过人们在社交网站中写入的信息、智能手机显示的位置信息等多种数据组合，已经可以以非常高的精度锁定个人，挖掘出个人信息体系，用户隐私安全问题堪忧。据统计，通过分析用户 4 个曾经到过的位置点，就可以识别出 95% 的用户。在互联时代，有一句话是："你没有隐私，忘记这事吧。"大数据对个人信息获取渠道拓宽的需求引发了另一个重要问题：安全、隐私和便利性之间的冲突。消费者受惠于海量数据：更低的价格、更符合消费者需要的商品，以及从改善健康状况到提高社会互动顺畅度等生活质量的提高。但同时，随着个人购买偏好、健康和财务情况的海量数据被收集，人们对隐私的担忧也在增大。"棱镜门"事件爆发后，尴尬的奥巴马辩解道："你不能在拥有 100% 安全的情况下，同时拥有 100% 隐私和 100% 便利。"

（二）企业迈进大数据时代，信息安全面临多重挑战

大数据来袭，企业不仅要学习如何挖掘数据价值，使其价值最大化，还要统筹安全部署，考虑如何应对网络攻击、数据泄露等安全风险，并且建立相关预案。正如 Gartner 公司论断的那样："大数据安全是一场必要的斗争。"当企业用数据挖掘和数据分析获取商业价值的时候，黑客也可以利用大数据分析向企业发起攻

击。“黑客最大限度地收集更多有用信息，比如社交网络、邮件、微博、电子商务、电话和家庭住址等等，为发起攻击做准备。尤其当你的VPN（虚拟专用网络）账号被黑客获取时，黑客就可以获取你在单位的工作信息，进而入侵企业网络。”绿盟科技首席战略官赵粮表示，大数据分析让黑客的攻击更精准。通常，那些对大数据分析有较高要求的企业，会面临更多的挑战，例如电子商务、金融、天气预报的分析预测、复杂网络计算和广域网感知等。启明星辰核心研究院资深研究员周涛表示，任何一个会误导目标信息的提取和检索的攻击都是有效攻击，因为这些攻击对安全厂商的大数据安全分析产生误导，导致其分析偏离正确的检测方向。“这些攻击需要我们集合大量数据，进行关联分析才能够知道其攻击意图。大数据安全是跟大数据业务相对应的，传统时代的安全防护思路此时难以起效，并且成本过高。”在周涛的眼里，与传统安全相比，大数据安全的最大区别是，“安全厂商在思考安全问题的时候首先要进行业务分析，并且找出针对大数据的业务的威胁，然后提出有针对性的解决方案”。

（三）大数据时代，国家安全将受到信息战与网络恐怖主义的威胁

在机械化战争时代，各国面临的是刀枪的正面冲击。如今的信息时代，安全环境发生了质的变化。不管是战争时期还是和平年代，一国的各种信息设施和重要机构等都可能成为打击目标，而且保护它们免受攻击已超出了军事职权和能力的范围。决策的不可靠性、信息自身的不安全性、网络的脆弱性、攻击者数量的激增、军事战略作用的下降和地理作用的消失等都使国家安全受到了严峻的挑战。此外，网络化的今天，各个国家在石油和天然

气、水、电、交通、金融、商业和军事等方面都依赖信息网络，更加容易遭受信息武器的攻击。此外，大数据也将为网络恐怖主义提供新的资源支持。海量的大数据涉及的方面之广，将有可能使网络恐怖主义的势力侵入人们生活的方方面面。为了更好地利用信息技术反对恐怖主义的袭击，美国联邦政府实施新方法，利用海量的、以商业手段收集的个人信息数据库来为提高国家安全服务。这些信息库几乎包括了各个行业，金融数据、保险信息、零售记录、旅游信息、证书和房产证明等政府部门资料。这一趋势早在2001年“9·11”事件发生前就已经产生，但从那之后不断增强，新的数据环境已经产生了两大前所未有的特征，即来源于私人部门的、可用的个人化识别信息具有深度和广度，同时用于分析这些数据的分布形势与意义的能力也在不断提高。

针对大数据时代所带来的隐私安全问题隐患，一些国家政府纷纷立法保护公众隐私。2012年2月，奥巴马政府公布了《消费者隐私权利法案》。数周后，美国联邦贸易委员会（FTC）发布了有关消费者隐私权利保护的最终报告。欧盟数据保护工作组曾在2009年分别致信谷歌、微软和雅虎三大搜索引擎巨头，认为搜索引擎服务商保存用户搜索记录时间超过6个月的理由并不成立，因此要求这三个搜索引擎商必须缩短用户搜索信息的保留时间。

奇虎360公司总裁齐向东在“2015大数据创新发展论坛”上表示：“大数据作为社会的又一个基础性资源，它可能会给我们社会的进步、经济的发展以及政府执政能力的提高带来强大的驱动力。大数据代表了先进生产力方向，已经成为不可阻挡的趋势。”但同时，大数据时代，一旦发生网络攻击或者泄密事件，产生的后果将更为严重。

“一个样本在PC或手机上运行，会在360的主动防御系统上留下详细的行为日志，一台服务器、一台网络交换设备也会对访问留下日志。这些日志汇集在一起形成大数据，网络攻击的痕迹就隐藏在这些数据之中，这就是用大数据技术解决大数据安全的基本道理。”齐向东进一步说。齐向东强调，大数据系统要安全，一定要全面消除死角。他以安防系统为例：“就像全面安防系统，如果安防摄像头布防得有死角，我们就很难说任何一个安全事件的发生我们都能看得见。”

目前，一些非常重要的单位，终端仅仅安装了一个普通的杀毒软件，还不是云控的杀毒软件。必须知道，任何一个网络空间，都离不开对终端的控制。如果一个网络被控制，一定是先释放一个攻击的样本，感染内网的一个终端或者服务器，由终端和服务器作为起点发起攻击。因此，在大数据的网络安全系统里面，必须消除内部的数据死角，网络收集技术一定要全面。任何一个在内部发生的网络访问、网络下载，乃至于网络操作，都要把数据收集起来，如果还有哪一些从终端服务器到各种各样的网络上数据收集不全的，就没办法形成安全的大数据。

当前网络安全形势日新月异，网络攻击已经成为了主战场。在美国等发达国家，网络威胁情报服务和漏洞服务已经非常发达。如何充分利用好外部的大数据是我国亟待解决的重要问题。“我们如果不了解安全形势、不了解外部的情况，可能对发生的网络攻击事件浑然不知。”齐向东介绍，“在国外，购买威胁情报服务和安全服务非常流行，几乎没有任何一家企业不购买多家企业的漏洞服务，而在我国还非常欠缺。因为发生在一个企业的网络攻击事件，绝不是全世界的唯一，很可能同样的网络攻击样本或者方法，在另外一个地方已经使用过，如果通过网络安全公司及时获取了相关威胁警报，就可以及时防范同样的网络攻击在自己的网络里面得手。”

“行政执法机关保护和司法保护，是保护信息安全的一个重要方面。”工信部相关部门负责人说，近年来，行政执法机关和司法机关开始介入互联网领域，但是没有全部地介入。据不完全统计，2003年以来，我国判决的互联网案件不超过150件。也就是说，有关部门在不得不处理的情况下才会介入一些案件，其中存在一些问题。从进一步保护、促进产业发展的角度看，行政执法机关和司法机关还需要进一步努力。对立法问题，工信部这名负责人作了一些细致分析：以互联网竞争为例，我国的反不正当竞争法、反垄断法的制定已经有很长一段时间，这些法律在一定程度上对传统的竞争关系和垄断关系有规范作用，但是缺少互联网专门性的规制。“从我个人看来，对于互联网竞争秩序的规制，要靠专门的互联网立法，更要靠一般性的传统立法。”这名负责人认为，如果没有传统的立法作为基础，仅靠互联网立法，难以规范一些危害互联网安全和秩序的行为。

全球大数据企业

目前全球大数据企业主要分为两大阵营：一部分属于单纯以大数据技术为核心的新兴企业，希望为市场带来创新方案并推动技术发展；另有一些原本打理数据库/数据仓储业务的老牌厂商，他们打算利用自身优势地位冲击大数据领域，将现有安装基础及产品线口碑推广到新一轮技术浪潮当中。下面我们就一起来看今天的十五家大数据企业名单，其中十家早已名满天下，另外五家则属初来乍到。

首先介绍十大老牌大数据企业。

1. IBM

根据 Wikibon 发布的报告，作为 2012 年大数据业务营收成绩最好的公司，IBM 过去一年从大数据相关产品及服务中获得了 13 亿美元收益。其具体产品包括服务器与存储硬件、数据库软件、分析应用程序以及相关服务等。在 IBM 围绕大数据开发出的产品中，DB2、Informix 与 Infosphere 数据库平台、Cognos 与 SPSS 分析应用可谓最为知名。IBM 同时也为 Hadoop 开源数据分析平台提供支持。

2. 惠普

惠普在 2012 年获得的大数据营收名列第二，总值为 6. 64 亿美元。这家供应商还提供与之相关的硬件、软件和服务，其最为知名的方案当数 Vertica 分析平台。

3. Teradata

Teradata 在 2012 年获得全球第三大大数据厂商头衔，其营收总额达 4. 35 亿美元。Teradata 凭借自家硬件平台、数据库及分析软件而声名远播。它同时针对零售及运输行业推出了专门的分析工具。

4. 甲骨文

尽管在大家眼中，甲骨文一直以其冠绝群雄的数据库产品闻名，但事实上他们也是大数据领域的主要竞逐者之一。其甲骨文大数据设备将英特尔服务器、Cloudera Hadoop 发行版以及甲骨文的 NoSQL 数据库结合到了一起。2012 年甲骨文名列大数据企业榜单第五位，营收总额为 4. 15 亿美元。

5. SAP

SAP 推出了一系列分析工具，但其中知名度最高的当数其 HANA 内存数据库。2012 年该公司在大数据企业竞争中位居第六，营收总额为3.68亿美元。

6. EMC

EMC一方面帮助客户保存并分析大数据，另外也充当着大数据分析智囊营销科学实验室的所在地，这家实验室专门分析营销类数据。EMC推出的最新爆炸性消息是与VMware及通用电气一道支持Pivotal公司。Pivotal将对Hadoop与EMC的Greenplum数据库与HAWQ查询工具进行整合。EMC在2012年的大数据企业排行榜中位列第七，营收总额为3.36亿美元。

7. Amazon

Amazon向来以企业云平台闻名于世，但同时也推出过一系列大数据产品，其中包括基于Hadoop的Elastic MapReduce、DynamoDB大数据数据库以及能够与Amazon Web Services顺利协作的Redshift规模化并行数据仓储方案。

8. 微软

微软的大数据发展战略可谓雄心勃勃，包括与Hortonworks建立合作关系、建立一家大数据新兴企业以及推出基于Hortonworks数据平台的HDInsights工具。微软的SQL Server数据库也颇具知名度，且于2012年的大数据企业比拼之中位列第九，营收总额为1.96亿美元。

9. 谷歌

谷歌公司推出的大数据产品包括BigQuery一款基于云的大数据分析平台。该公司在过去一年中拿下3600万美元大数据营收。

10. VMware

VMware向来以云计算及虚拟化解决方案著称，不过近来也开始逐步踏入大数据领域。虚拟巨头公布的VMware vSphere大数据扩展版就很说明问题，这套方案使得vSphere能够控制Hadoop

部署并帮助企业用户简化大数据项目启动流程。VMware 在过去一年中获得 3200 万美元大数据营收，几乎与谷歌公司持平。

以下还有 5 家新生代大数据企业。

1. Cloudera

相信目前已经没人敢在列举顶级大数据供应商时漏掉 Cloudera。这家新兴企业获得 1.41 亿美元风险投资，支持阵营中甚至包括谷歌、Facebook、甲骨文以及雅虎等在大数据领域赫赫有名的老将。该公司于 2008 年首次为企业客户带来 Apache Hadoop 平台。

2. Hortonworks

Hortonworks 是另一家 Hadoop 供应商，并在 2011 年从雅虎公司分离出来之后获得超过 7000 万美元的风险投资支持。它在发展中将矛头直指 Cloudera，这位年轻选手背后则站着微软、Rackspace、红帽、Teradata 等多家战略合作伙伴。

3. Splunk

根据 Wikibon 的统计，Splunk 是目前纯大数据供应商中占据市场份额最大的企业，2012 年全年营收总额达 1.86 亿美元。该公司主要关注机器数据分析业务。

4. 10Gen

10Gen 最具影响力的得意佳作要数其开源 MongoDB 一款业界领先的 NoSQL 数据库。该公司的战略投资伙伴包括英特尔、红帽以及 In-Q-Tel。10Gen 在纯 Hadoop 及 NoSQL 业务企业中名列第三，营收总额为 3600 万美元。

5. MapR

大家想必听说过 MapR 推出的 NoSQL 数据库 M7，这家公司与 Amazon 的云平台及谷歌计算引擎达成了协作关系。MapR 在纯

Hadoop 与 NoSQL 业务企业中位列第四，营收总额为 2300 万美元。

20 个大家应该知道的大数据资源

对于企业和一些研究机构而言，在开始大数据分析之前，不一定要建立自己的大规模数据仓库。一些企业和政府将大量信息投入到公共领域的举措，使得每个人都能够获得海量数据。数据无处不在，并且很多数据源都是免费的。迄今为止，从大蓝筹企业到极小型创业公司，都可以使用比以往更多的数据。以下是一些有价值、好用且免费的大数据来源。

1. Data. gov

http://data. gov/

美国政府承诺使所有政府数据都能在网上免费获得。这个网站是第一阶段，作为一个门户网站，囊括了从气候到犯罪的一切惊人的信息。

2. 美国人口普查局

http://www. census. gov/data. html

一个关于美国公民生活的丰富信息，包括人口数据、地域数据以及教育。

3. 欧洲联盟开放数据门户

http://open-data. europa. eu/en/data/

如上所述，但它是基于欧洲联盟机构的数据。

4. Data. gov. uk

http://data. gov. uk/

来自英国政府的数据，包括《英国国家书目》——自 1950 以来所有的英国书籍以及出版物的元数据。

5. 中情局世界概况

https://www. cia. gov/library/publications/the-world-factbook/

267 个国家历史、人口、经济、政府、基础设施以及军事信息。

6. Healthdata. gov

https://www. healthdata. gov/

125 年来美国的医疗保健数据，包括索赔型医保数据、流行病学和人口统计。

7. NHS 健康和社会保健信息中心

http://www. hscic. gov. uk/home

来自英国国民健康服务的健康状况数据集。

8. Amazon 网络服务公共数据集

http://aws. amazon. com/datasets

巨型公共数据源，包括 1000 个基因组工程，试图建立最全面的人类遗传信息数据库和美国宇航局的卫星图像数据库。

9. Facebook Graph

https://developers. facebook. com/docs/graph-api

虽然 Facebook 用户个人资料中的很多信息是私有的，但很多也不是——Facebook 提供 Graph API 作为查询大量信息的一种方式，它的用户很乐意与世界分享（或者说是不能隐藏，因为他们还没有制定如何设置隐私功能）。

10. Gapminder

http://www. gapminder. org/data/

世界卫生组织和世界银行的数据集合，包括世界各地的经济、医疗和社会统计数据。

11. Google Trends

http://www. google. com/trends/explore

自2004年以来，对所有关键字的搜索量（作为总搜索的比例）的数据统计。

12. Google财经

https://www.google.com/finance

40年的股票市场数据，并实时更新。

13. Google Books Ngrams

http://storage.googleapis.com/books/ngrams/books/datasetsv2.html

搜索和分析数以百万计的数字图书全文，作为Google图书项目的一部分。

14. 国家气候数据中心

http://www.ncdc.noaa.gov/data-access/quick-links#loc-clim

从美国国家气候数据中心收集的环境、气象以及气候数据集。全球最大的天气数据存档。

15. DBPedia

http://wiki.dbpedia.org

维基百科包含数以百万计的数据，包括生活中每个事物的结构化和非结构化信息。DBpedia是一个用来分类的大型工程，并创建了一个公共的、免费发布的并允许任何人来分析这些数据的数据库。

16. Topsy

http://topsy.com/

免费而全面的社交媒体数据是很难得到的——毕竟这些数据是为那些大玩家（Facebook、Twitter等）产生利润的，所以他们不想轻易送人。然而Topsy提供了一个可搜索回溯至2006年公共微博的数据库，和现在一些用来分析会话的工具。

17. Likebutton

http://likebutton. com/

在全球范围内，从你自己的网络中挖掘 Facebook 的公共数据，来了解在某个时刻人们“喜欢”什么。

18. New York Times（《纽约时报》）

http://developer. nytimes. com/docs

可搜索的新闻文章的索引档案，可以追溯到 1851 年。

19. Freebase

http://www. freebase. com/

一个关于人、地点和事物的结构化数据的社区数据库，记录数超过 45 万个。

20. 百万歌曲数据集

http://aws. amazon. com/datasets/6468931156960467

超过一百万首歌曲和音乐作品的元数据。部分属于亚马逊网络服务。

2. 大数据时代的社会大变革

从工业时代到信息时代

历史上没有哪一个时代的人们能像今天一样，以始料未及的速度跨越了人类社会的几个阶段。当工业化浪潮在许多国家和地区方兴未艾之际，从上个世纪末的八九十年代，随着计算机的迅速普及，人类迅速进入了信息时代（The Age of Information）。发达国家对进入信息时代的时间界定一般是 1969 年，我国及其他部分发展中国家则是从 1984 年，比欧美晚了 15 年。就在信息科技的成果在社会生活中快速蔓延开来，人们渐渐接受“信息时代”这个概念的时候，人其他类又进入了数字化时代（The Digital Age）——万事万物皆以数据的形式呈现出来，海量的信息以数据的形式被传递、运算。然而，数字化时代还远没有止步，人们又进入了新的“大数据时代”（The Age of Big Data）。这一切就发生在短短的不到半个世纪的时间里。

科技进步的影响力绝不是仅仅限于科技本身。科技进步所带来的生产方式的改变，必然深刻影响人类社会的方方面面，无论从生活方式、文化、政治、经济、艺术，还是社会成员的组织形式，例如家庭、企业、政府。科技的进步，给人类社会带来前所未有的便利，也带来前所未有的新挑战、新问题。敏锐把握变迁的本质，才能在未来的竞争中保有不败之地。

举一个简单的例子，在工业时代，普通大众追求的是工作保障、安稳、成为大企业的雇员，工业时代人们所接受的教育就是终身成为雇员。但到了信息时代，人们追求成为自由的代理人，成为企业家，拥有自己的企业。正如一位成功的企业家说的：“就业的机会随处可见，而创业的机会稍纵即逝。”走在信息化潮头的美国是一个典型的小公司的国度，80%的企业只有不到九个人，有60%的人都是到这种不到九个人的公司工作，有不计其数的创业者。这和我们以往那种超级跨国大企业、大工厂的印象完全不同，美国政府则积极服务于这些中小企业，保持自身的经济活力。这就是时代的变化给国家和社会成员带来的理念转变。

大机器、大工业和大量人员所从事的大规模流水线生产方式不再是主流，而第三产业即服务性产业将明显增加，信息类无形产业将成为关键资源，身强力壮但未受过教育或受教育较少的人将难以得到工作岗位。在中国，上个世纪80年代的大学生可谓是

“天之骄子”，一时成为党政机关、工厂企业的宠儿。但仅隔一二十年，大学毕业生就遍地都是。人们戏称，在街上扔一砖头，砸到的十个人中有七个是大学生，两个是硕士生，一个是博士生。话虽夸张，却形象地说明了知识经济时代的激烈竞争。与信息化随之而来的全球化趋势侵蚀着国家主权概念，同时打破封闭状态，信息一体化将使国家之间传统的国界概念逐步淡漠，尤其是淡化了经济主权。那些拥有信息和知识的国家将是富有的国家，这样的富国将与信息贫穷落后的国家分道扬镳。

信息时代里的企业和大工业时代的企业也完全不同，它就像一个完整的人，其组织形式如同骨骼，资金如同血液，信息如同神经，信息流如同生命线，而信息系统就是神经系统，市场需求就是刺激源。在统一的数字神经系统下，从决策者到管理者再到执行者，从人到机器设备，如果信息可以一路顺畅，整个企业就能用一个大脑思考。这颗数字大脑不仅要对多样化、个性化的市场需求做出及时准确的反应，还要在对这类信息资源的筛选和分析中不断寻找新的机遇，拓展上升的空间。

从数字化时代到大数据时代

数字时代其实就是电子信息时代的代名词。因为电子信息的所有机器语言都是用数字代表的，所以人们将其称为数字时代，由于所有的一切都建立在电子信息的基础上，所以其标志应该从计算机诞生之日起。

计算机及电子学的发展让信息化、网络化等说法变得流行起来，其归根结底就是数字化。我们可以简单地说，在数字化时代，一切皆为数字。换句话说，万事万物都可以以数据的形式呈现出来，并可以被计算设备存储、计算。

随着计算机的普及应用，现实世界开始被大规模地数字化。例如，数字化建立在采样定理之上，即在一定条件下，用离散的序列可以完全代表一个连续函数。采样定理让现实世界中连续变化的声音、图像等模拟信息在计算机中用 0 和 1 表示成为可能。数字化让知识、想法的分享与传播变得前所未有的容易，同时，音频和视频的数字化也改变了媒体传输的方式，如数码相机、数字电视、数字广播、数字电影等的出现。图书、报纸、杂志的数字化是互联网出现以来一项重大的突破，亚马逊公司正是看出其中的商机逐渐成长为全球最大的互联网电商。

数字化的过程包括数据的采集和数据的处理。数据采集主要是由硬件来完成的，包括处理器、存储器、传感器等，也就是物联网。例如，我们智能手机的 GPS 传感器不断地定位我们的位置信息，对人和移动装置比如汽车的行为进行采集；重力传感器不仅仅对数字设备的横屏竖屏进行控制，还能根据重心的位移来记步；手环的血氧传感器采集血氧信息，对健康数据进行监控并预防等。物联网的本质就是在数字化的基础上把人们的现实生活数据化。数据的处理就是软件的算法及实现，包括各种软件程序，管理数据的文件系统和数据库系统，以及各种数据处理方法也就是算法，具体包括存贮、加工、分类、归并、计算、排序、转换、检索等，为了保证安全可靠，还有一整套数据安全保密技术。

在数字时代，每个人都成了数据的生产者。随着智能手机、平板电脑、笔记本电脑的普及加速了每个社会成员“身份的数字化”。在 Web 服务器面对这样海量的数据信息时，却遇上了新难题：处理能力和储存容量的需求都爆炸性增加。让大家记忆犹新的是，十多年前我们 PC 的硬盘都是 200M 或 500M 的容量；但是 5 年前，PC 硬盘都是 250G 或 500G。一个 G 是 1024 个 M。而现在市场上卖的移动硬盘常常都是几个 T。一个 T 是多大？是 1024 个 G。但现在 Web 服务器面对网络上的大量数据需要的储存量却是以 P（Peta）为基本单位的，一个 P 是 1024 个 T。以目前的技术水平，很少有单个计算机可以处理这么大的数据量，也很少有单个储存设备可以有这么大容量。幸亏“云”的概念和技术正好在最近很成熟了，于是利用“云计算”和“云储存”的海量计算能力和海量储存能力，人类得以顺利地迈入“大数据时代”。

2008 年 9 月 4 日《自然》（Nature）刊登了一个名为“Big Data”的专辑，首次提出大数据（Big Data）概念，该专辑对如何研究 PB 级容量的大数据流，以及目前正在制订的、用以最为充分地利用海量数据的最新策略进行了探讨。2011 年 5 月，EMC（全球最大的外置存储硬盘供应商）举办了主题为“云计算相遇大数据”的大会，首次提出了“大数据”（Big Data）的概念。

紧接着，IBM、麦肯锡等众多国外机构发布了“大数据”的相关研究报告，2011 年 6 月麦肯锡全球研究所发布研究报告——《大数据的下一个前沿：创新、竞争和生产力》（Big Data：The Next Frontier for Innovation，Competition and Productivity），首次提出“大数据时代”来临。报告中说：“数据，已经渗透到当今每一个行业和业务职能领域，成为重要的生产因素。人们对于海量数据的挖掘和运用，预示着新一波生产率增长和消费者盈余浪潮的到来。”

此后，联合国、世界经济论坛等机构也开始纷纷关注信息时代海量数据对社会经济发展所带来的冲击。2012 年 5 月联合国“全球脉冲”（Global Pulse）计划发布《大数据开发：机遇与挑战》（Big Data for Development：Challenges & Opportunities）报告，阐述了大数据带来的机遇、主要挑战和大数据应用。

2011、2012 年“达沃斯世界经济论坛”将大数据作为专题讨论的主题之一，发布了《大数据、大影响：国际发展新的可能性》(Big Data, Big Impact: New Possibilities for International Development)等系列报告。

在政府层面上，美国奥巴马政府创造性地将“大数据”概念全面引入到公共行政领域。2009 年，美国联邦政府发布《开放政府指令》(The Open Government Directive)，作为大数据与政务和政府治理相结合的前奏，推出了 Data. gov 公共数据开放网站。2012 年 3 月，美国联邦政府发布了《大数据研究和发展倡议》(Big Data Research and Development Initiative)，正式启动了“大数据发展计划”，宣布将投入超过 2 亿美元用于大数据研究；同年 5 月，美国联邦政府又发布《数字政府战略》（Digital Government Strategy)，致力于为公众提供更好的“数字化”服务，围绕数据进行的一系列措施在美国政府全面推进。

据麦肯锡预测，预计到 2020 年，大数据可带动美国 GDP 提升 2% 至 4%，即创造 3800 亿至 6900 亿美元的价值，并创造 170 万个新的工作岗位。欧盟委员会预测，截至 2020 年，大数据可带动欧盟 GDP 提升 1.9%，即创造 2060 亿欧元的价值，并能新增 10 万个大数据相关的工作岗位。到 2020 年大数据技术将为欧盟创造 GDP 达到 9570 亿欧元，增加就业人数 380 万。根据 Gartner 公司的调查结果，目前全球 64% 的企业已经开始向大数据项目注资，或者打算在 2015 年 6 月之前将计划付诸实践。

大数据时代最重要的特征是人类所有的行为都被数据记录下来，无论是在电商的购买行为，还是旅游度假、娱乐活动、行为轨迹等，所有的人类社会行为都被各种传感器和互联网记录下来。数据记录了一切，人类社会的行为都变成了数据，用纸质媒体记录人类历史的时代已经过去，历史正在被数据以文字、数据、表格、声音、影像的方式记录了下来。

随着传统互联网向移动互联发展，全球范围内，除了个人电脑、平板电脑、智能手机、游戏主机等常见的计算终端之外，更广阔的、泛在互连的智能设备，比如智能汽车、智能电视、工业设备和手持设备等都连接到网络之中。基于社会化网络的平台和应用，让数以百亿计的机器、企业、个人随时随地都会获取和产生新的数据。随着社交网络的逐渐成熟、移动带宽迅速提升，更多的传感设备、移动终端接入网络，产生的数据及其增长速度比历史上任何时期都要多，互联网上的数据流量正在迅猛增长。在云计算、物联网等技术的带动下，中国的移动互联网也早已步入“大数据”时代。

回顾历史，从来没有哪一次技术变革能像大数据带来的技术革命一样，在短短的数年之内就从少数科学家的主张进入到那些全球领军企业的战略实践中，继而上升为大国的竞争战略，从而形成一股无法忽视、无法回避的历史潮流。可以说，大数据正在开启一个崭新的时代。在这个新的时代，互联网、物联网、云计算、智慧城市、智慧地球，这些新技术、新概念正在使数据遵照着“摩尔定律”在飞速增长。可以说，一个与人们所生存的物理世界平行的“数字世界”正在形成。在新的数字世界当中，数据无可置疑地成为了最宝贵的生产资源、生产要素。那些更早认清和顺应新时代的趋势、积极谋变的国家、地区和企业将在新的技术条件下乘势崛起，成为地球村中新的领军者；而那些无动于衷、墨守成规或者逆时代而行的组织则将逐渐被新的世界边缘化，失去竞争力和活力。

一个数据主宰一切的时代

从某个角度来说，数字化让人们的生活更加便利，让个性化生存成为最大的可能。有本书的名字很有意思，《当我们变成一堆数字》① (The Numberati: How They'll Get My Number and Yours)，它讲述了数字化是如何改变我们生活的。每一天，我们的身后都拖着一条由个人信息组成的长长的“尾巴”，这只是因为我们生活在一个现代化的世界。我们——点击网页、切换电视频道、驾车穿过自动收费站、用信用卡购物、使用手机，而亚马逊、Google这样的公司，正在以平均每人、每月2500条信息的速度，捕获我们的详细数据。是谁在关注这些数据？他们打算用这些数据来干吗？这正是该书的作者——美国《新闻周刊》资深记者斯蒂芬·贝克在这本书里所探究的问题，而他的回答既让人惊讶，又令人不安。一群新兴的数学精英，正千方百计地以惊人的准确性，利用他们从互联网上获取的信息，剖析人们的每个举动、预测人们的行动计划。他们神不知鬼不觉地将人们买了什么、对什么感兴趣等等尽收眼底，从而巧妙地操控人们的消费行为。这些数字分析家渗透到人们社会生活的每个领域，根据所获取的信息将人们描绘为工薪族、购物者、选民、博主、潜藏的恐怖分子、病患者、恋人等等。他们在公司洞察人们的电子邮件和电话记录，来推测有多少员工真正在为公司的盈利添砖加瓦。他们分析人们的购买行为，以搞清人们是在节衣缩食、瘦身，还是有新的理财计划。从IBM、Google、保险公司到奥巴马竞选团队，莫不重金礼

---

① ［美］斯蒂芬·贝克：《当我们变成一堆数字》，张新华 译，中信出版社，2009年7月。

聘身怀绝技的“数字搜客”，从一大堆数字符码中过滤出宝贵的趋势和观点……

大家是否注意到，每当我们在谷歌或百度上搜索一个词汇或一个事件后，你再次上网浏览别的网站时，在边栏或者屏幕上方的横条上出现的广告都和我们刚刚搜索的内容相关。比如你搜了一个数码相机的信息，马上你就在接下来的浏览中发现在屏幕的上方或右方出现的广告都和数码相机有关。

除了上网搜索，我们在使用 Web 电子邮箱时，也会发生同样的事。当你发了一封邮件给朋友讨论下一个长假到哪个旅游胜地去度假，你会发现下次你再打开邮箱时，旁边的广告都和当地度假酒店或往返度假地的机票有关。这些都与一个网络专有名词“Cookies”有关。Cookies 是什么意思？字面上 Cookies 是“小甜饼”，但在网络世界，Cookies 就是服务器暂存放在你的电脑里的资料（. txt 格式的文本文件），好让服务器用来辨认你的个人电脑。当你在浏览网站或发送 Web 邮件的时候，Web 服务器会先将一个小资料放在你的计算机上，Cookies 会把你在网站上所打的文字或是一些选择都记录下来。当下次你再访问同一个网站，Web 服务器会先看看有没有它上次留下的 Cookies 资料，有的话，就会依据 Cookie 里的内容来判断使用者，送出特定的网页内容给你。

透过 Cookies，我们每个人都被数字化了，我们的个人资料、个人喜好、日常活动范围、购买偏好，通通以一串数字的形式展现在网络世界。也就因为这个 Cookies，每当我们在亚马逊网或当当网购买一本书后（甚至只是在他们网站上浏览了几本书），下次再去他们的网站，网站就会推荐和你上次购买有相关主题的书籍，好像知道你的喜好一样。

如果你带着笔记本电脑去外地旅游，当你进了度假村安顿下来后，打开电脑透过 WiFi 检查 Web 邮箱时，往往就会收到一封从 Web 邮箱服务器发来的警告，告诉你的电脑在一个以前没有出现过的地方登录了，假如的确是你自己登录的，那么请操作下列指定的步骤以激活你的邮箱。这又是一个借由 Cookies 工作的例子。

谁在进行数据化的工作？在一开始首先是由互联网公司推动的。很多国外公司，包括苹果、谷歌、亚马逊、微软，以及国内的百度、腾讯、阿里巴巴等，都是不断采集用户的数据，并利用这些数据来预判未来可能出现的各种情况，这些公司的效益都体现在数据上而不是固有的资产上。从另一方面说，政府往往是最大的数据采集者和关键性原始数据的掌握者。政府掌握着公民的一些最关键的信息，例如每个居民的身份信息，这些信息里包括了诸如年龄、性别、受教育状况、财产等等；政府还掌握着国家的宏观经济、社会、军事数据，等等。

在中国，一些地方政府开始公开一些数据，方便人们查阅、使用，例如在 2014 年 5 月，上海市政府召开推进政府数据资源向社会开放会议，开始有序推进各个政府职能部门向社会开放政府数据资源，这一举动将数据从政府手中解放出来，公众可以通过政府数据服务网进行浏览、查询、检索和下载等服务。可以说，在数据化时代，政府越来越显示出开明的一面。

我们正处在数据主宰一切的时代，地铁、超市、车站、工厂等场所充斥的摄影头对人类行为数据进行采集，每天我们在网络上的行为痕迹都会被记录下来作为数据来分析和还原。由海量数据所构建的大数据时代给我们既带来了机遇，也同样带来了挑战。可以说，从数字化到数据化是一个必然的过程。现实世界的数据化不断挑战传统时代的各行各业，但其中也无处不存在着风险。人们每天接收到大量的垃圾邮件和短信，个人隐私被泄露，都更加说明数据化其实是一把双刃剑，数据化带来的风险将是人类不得不面对的问题。

技术变革必然影响政府治理

先来看一个简单的例子，2015 年 1 月 1 日，江西省新余市委设立于上世纪 90 年代的“公文交换站”停用了，自此，非涉密文件一律通过“数字化综合办公平台”流转，这标志着该市全面迈入“数字化办公时代”，让传统公文交换站退出历史舞台。根据统计，该市的“数字化综合办公平台”自 2013 年 1 月 1 日正式运行以来，全市各级党政机关每年可节约办公经费 2700 多万元，另一方面工作效率却显著提高了。① 从 2012 年 6 月起，新余市投资 800 万元建设“数字化综合办公平台”，2013 年 1 月 1 日正式上线运行，同年 7 月 1 日实现市、县（区）、乡（镇、街道）三级无纸化协同办公。该平台设有公文管理、个人办公、移动办公、公文交换等 12 个模块近百项功能，是集智能办公、智能决策、智能监管和智能服务于一体的综合办公平台。为保证平台高效规范使用，该市将平台使用情况纳入各单位年度绩效考核内容，倒逼各级党政机关养成数字化办公习惯。目前该市 607 家部门和单位全部纳入了数字化综合办公平台。

“通过数字化综合办公平台，我们将所有非涉密文件在网上流转，不受时间、空间条件限制。遇到领导出差在外，以前可能会压上十天半月，现在不管领导在市里还是在省外，只要上网就

① 何智勇、王帆：《新余迈入数字化办公时代》，《江西日报》2015 年 1 月 3 日。

可以处理各种文件。”新余市信息化服务中心电子政务科负责人这样介绍。

未来可以预见的是，中国电子政务将建立起更加优化的制度环境，电子政务创新为民服务和社会治理的应用将进一步深化，国家战略和统筹协调的作用将进一步发挥。2014 年底，国务院办公厅出台关于促进电子政务协调发展的指导性文件，提出用 5 年左右时间，全面建成统一规范的国家电子政务网络。国办将目标细划为 19 项重点任务，分工到各部委，并将对落实工作进行统筹协调、跟踪了解、督促检查。目前，国家电子政务外网已经基本建成，政务内网正由国办直接负责推动各部门、地区加快建设。

以上只是数字化办公对政府治理工作带来影响的一个小小的侧面。如果我们的眼光再广阔一些就会发现技术革新给政府治理带来的变革远不止这些，它不仅将变革以往政府工作的推进方式，还将给政府的治理理念、组织形式、施政理念、政策决策等带来前所未有的深刻影响，这是在后文要深入涉及的。

有人把中国的信息化浪潮总结为三个阶段：在信息化浪潮 1.0 阶段，信息化浪潮第一波的主体是企业，以 PC、操作系统、软件的普及应用为核心；信息化浪潮 2.0 阶段，推动信息化浪潮的是个体，以互联网、APP 的普及应用为核心；而在信息化浪潮的 3.0 阶段，则是以政府、城市为主体，智慧城市、物联网将是第三波信息化浪潮的核心，将与大数据的应用紧密结合。

在前互联网时代，土地是城市最值钱的资源，但是未来，政府最值钱的资源应该是人，以及基于人的大数据。随着互联网经济的兴起，中国经济进入新常态所倒逼的新一轮经济转轨中，被土地财政主导了 20 多年的中国城市“价值观”必将缓慢又坚决地转向对城市大数据价值的挖掘。据估算，中国“十二五”规划智慧城市投资5000亿元，“十三五”规划将增加至8000亿元。就智慧城市建设而言，由于投资大、周期长、回款慢，政府将是智慧城市的主要投资方。

在美国，1992年提出建设“信息高速公路”的计划，随后又提出要建设“全球信息基础设施”，并做出了长远规划与战略部署。克林顿政府曾提出“第一政府网”的建设计划，目的是要简化政府办事程序，加速政府对社会需要的回应，让美国人更加快捷、方便地了解政府，同时为业界申请贷款和参加各种招投标活动提供更多的方便。政府在世纪初要完成通信基础设施（硬件）和网络软件及服务系统（软件）的建设，使其得到更加广泛的应用。

发达国家政府的大数据应用

目前，世界上有一些发达国家已经在政府部门开始推广大数据应用。通过分析和比较这些先发国家的大数据应用，我们能了解当前和未来需要大数据应用聚焦和服务的地方，为我国开展大数据应用提供借鉴。

美国

为了对海量数据流实时分析管理，美国政府和IBM在2002年合作开发了一个容量巨大、聚集性强的大数据基础架构。IBM基于Hadoop、流计算、数据仓库等开发的Infosphere Stream和Big Data，被政府机构和商业组织广泛应用于海量实时数据源的分析和可视化、二次应用程序开发和系统管理等。

2009年，美国政府“一站式数据下载”网站data.gov正式上线，并作为向政府透明化和问责制迈进的一个步骤。该网站包括了420894个数据集（截至2012年8月），囊括了交通、经济、医疗、教育和人口服务等方面的数据。数据来源于多个方面，其中1279个由政府提供，236个由居民提供，103个由移动设备提供。2010年，美国总统科学技术顾问委员会（联邦政府协调非分类网络和信息技术投资的主要机构）在《规划数字化的未来》中建议："联邦政府的每一个机构和部门，都需要制定一个应对'大数据'的战略。"这标志着大数据时代已经正式来临。

2012年，奥巴马政府颁布了《大数据的研究和发展计划》，同时组建"大数据高级指导小组"，以协调政府在大数据领域的2亿多美元投资，旨在通过提高从大型复杂的数字数据集中提取知识和观点的能力，进而加快美国在科学与工程中的步伐，加强国家安全。此举标志着美国把应对大数据技术革命带来的机遇和挑战提高到了国家战略层面，形成了全体动员格局。这个数额高达2亿美元的投资计划涉及多个联邦部门和机构，包括白宫科学技术政策办公室、美国国家自然基金会、美国国立卫生研究院、美国国防部、美国能源部、美国卫生与公众服务部、美国地质调查局等机构。这个投资项目的主要目的是提高大数据核心技术的发展水平，加速科学和工程开发，加强国家安全，转换大数据教育和学习方式，扩展开发和使用大数据技术的工作力量。

在2012年，美国国家科学基金会联合美国国立卫生研究院（NIH）实施了提高大数据科学与工程核心技术规划，目的在于推进从大量、多样化、分布式、异质性的数据集合中管理、分析、可视化和提取有用信息的核心科学技术。截至2014年2月，美国国家卫生研究院（NIH）在亚马逊网络服务中心已经积累了数以百万亿字节的人类遗传变异数据，研究人员因此能获得和分析巨量数据，而不用再去发展自身的超级计算能力。

美国其他政府机构也开始进行大数据分析。美国国家税务局已经在它的返回审查程序中集成了大数据分析能力。通过分析大量的数据，美国国家税务局能够检查、预防和处理避税和诈骗案。美国国防部也在大数据相关项目中花费了数百万美元，其目标之一就是利用大数据发展自主机器人系统（学习机器）。

美国地方政府同样开发了大数据项目。例如，在2011年，美国纽约州锡拉丘兹市政府与IBM合作开展了一个智慧城市项目，使用大数据帮助预测并阻止住宅空置。密歇根州政府信息技术部构建了一个数据库，提供密歇根州居民的相关信息，以便政府机构提供更好的服务。

在美国政府的实际运作中，大数据技术已经进入了应用阶段。美国中央情报局的首席技术官格斯·汉特在一次讨论会上透露了大数据技术对追踪恐怖分子和监控社会情绪的作用，就像可口可乐等消费公司借助数据分析掌握消费者习惯一样，中情局也通过大数据技术来寻找恐怖分子的踪迹。

麦肯锡全球研究所的一份报告说，美国需要150万精通数据的经理人员，以及14万至19万深度数据分析方面的专家。目前，已有美国大学专门开设了研究大数据技术的课程，培养下一代的“数据科学家”，一些美国公司也在向大学提供研究资助，并赞助与大数据有关的比赛。目前美国正在握紧大数据这个人类科技领域的最新仪表盘，以求继续保持科技领先地位。

欧盟

2010年，欧盟正式发布“欧洲数字化议程”，旨在建立一个统一的“数字市场”，推动欧盟内部高速和极速互联网互联互通和应用共享，进而促进欧盟经济社会可持续发展，造福欧盟人民。2012 年，欧盟委员会在“欧洲数字化议程及其挑战”中制定了大数据战略，并强调了公共数据安全及挖掘公共机构数据的价值潜力，同时满足日益强烈的对个人数据安全保护的诉求；发展物联网，确保网络安全及在线交易的数据处理安全。

以英国为例。英国政府是最早推进大数据规划的欧洲国家。2004 年，英国设立了水平扫描中心（HSC）项目，以提升政府处理跨部门和多学科挑战的能力。2011 年，水平扫描中心（HSC）启动“气候变化的未来国际影响”计划，通过对多数据源进行深度分析，研究解决气候变化对食品和水的可获得性，以及对地区或国际形势的影响等问题。英国政府发起的另外一个项目是，2009 年建立了 http://data. gov. uk 公共网站，来自七个政府部门的 1000 多个既有数据集对外开放，后来增到 8633 个数据集。

此外，荷兰、瑞士、英国和其他 17 个国家与 IBM 共同合作开发了一个名为 DOME 的超级计算系统项目。该系统每天能处理超过 1EB 的数据，数据来源于射电望远镜平方公里阵列（SKA），旨在通过探索百亿亿次的计算、数据传输和存储等新兴技术，以及对每日采集的数据流进行读取、存储和分析，解决一系列宇宙科学问题。这个大数据项目的总部位于英国曼彻斯特的 Jodrell Bank 天文台。

虽然经济不景气，财政被迫收紧，但大数据依然是英国政府舍得一掷千金的“宠儿”。2013 年初，英国商业、创新和技能部宣布将注资 6 亿英镑，发展 8 类高新技术，大数据独揽 1. 89 亿英镑，远超其他高新技术。负责科技事务的大臣戴维·威利茨说，政府将在计算基础设施方面投入巨资，同时吸引企业在这一领域的投资，从而在数据革命中占得先机。

一份政府报告详细地阐述了英国发展大数据技术的潜在优

势。报告称，英国擅长处理不同大数据集的算法，在数学和计算机科学领域拥有特长，而且在医疗保健、人口统计、农业和环境领域拥有世界上最好、最完整的数据集。威利茨说，政府要利用好这些优势，必须加大对关键研究领域的支持力度，同时推动新技术从实验室走向商业应用。

大数据创造价值基于这样一个核心逻辑，即当今社会的决策行为越来越取决于数据和分析，而不再是经验和直觉。因此，大数据技术可以为决策提供一定的“预见参考”，而成功的分析和预见往往能带来商业和经济价值。大数据技术创造价值的能力已经在英国崭露头角。一份行业报告显示，英国政府通过高效使用公共大数据技术每年可节省约330亿英镑，相当于英国每人每年节省约500英镑。再以连锁零售业为例，英国最大的连锁超市特易购已经开始运用大数据技术来采集并分析其客户行为信息数据集，以此制订有针对性的促销计划、调整商品价格。这种“有的放矢”的营销和定价模式为特易购提供了更加高效的盈利方法。

韩国

2011年，韩国总统国家ICT战略委员会发布了“大数据倡议”。该委员会是最高层次的政府信息通信技术协同机构，其使命是在建立必要的基础设施过程中发挥领导作用。“大数据倡议”旨在建立泛政府大数据网络和分析系统，推进政府与私有部门之间的数据共享融合，建立公共数据诊断系统，培养和培训合格的大数据专业人员；保障个人信息安全，以及改善相关法律，发展大数据基础设施和技术，发展大数据管理和分析技术。

很多韩国的政府机构已经提出了相关的行动计划。例如，韩国卫生部建立了社会福利综合管理网络，分析来源于35个机构的

385个不同类型的公共数据，综合管理中央政府和地方政府提供的福利和服务。食品、农业、森林与渔业部、公共行政与安全部（MOPAS）计划推出预防手足口病的综合系统，该系统依托于分析动物疾病相关的海外大数据、海关出入境记录、养殖场的跟踪调查、牲畜迁移和养殖工人活动等相关的大数据，实现预防目的。MOPAS的另一计划是推出灾害预报系统，该系统基于过去的灾害记录和自动实时的天气和地震预报进行预测。此外，韩国生物信息中心计划开发和运营国家DNA管理系统，该系统集成大量的DNA和病人医疗信息，为个人提供个性定制化的诊断和治疗。

新加坡

2004年，针对国家安全、传染病和其他国家层面关心的问题，新加坡政府与国家安全协作中心合作发布了风险评估和水平扫描计划（RAHS），通过对大数据的采集和分析，积极把控威胁国家安全的相关问题，包括恐怖袭击、传染病传播和金融危机等。风险评估和水平扫描计划实验中心（REC）于2007年开放，它聚焦于风险评估和水平扫描计划相关政策制定的新技术工具，并通过大数据基础设施系统升级来维持和强化这一能力。为通过大数据研究、分析和应用创造价值，新加坡政府还推出了门户网站http://data.gov.sg，50多个政府部门的5000多个数据集通过此网站向公众开放。

日本

日本政府也已启动多个利用既有大数据的计划，成立了一个大数据专家组。从2005年到2011年，文部科学省与相关的大学和研究机构合作，设立了信息爆炸时代的新IT基础设施项目。从

2011年起，政府优先解决地震、核电站灾难和受污染区域的重建和灾民安置，以及相关的社会和经济救济。文部科学省与国家科学基金会合作提高研究和利用大数据的技术，以预防、减轻和管理自然灾害。作为内务省的两个分支机构，信息和通信委员会与ICT战略委员会把“大数据应用”作为日本面向2020年的关键使命。

澳大利亚

澳大利亚政府信息管理办公室（AGIMO）实施政府2.0计划，为公众获取政府数据提供了渠道，政府2.0计划推出了http://data.gov.au网站，通过这一网站，让公众便捷、高效检索和获取政府数据。

综观上述大数据应用领先国家的大数据应用计划有三个显著特点：首先，现有的大多数大数据项目充其量只是数据量较大的应用。这些国家的政府大数据应用项目，大部分是基于共享存储的结构化数据库，并不使用实时、动态和非结构化或半结构化的数据。第二，公共部门致力于规范大型而复杂的数据集，政府期望大数据应用来提升政府服务民众的能力，以及解决国家面临的重大挑战问题，包括经济、医疗、就业、自然灾害和恐怖袭击等。然而，大部分大数据应用于居民（参与到公共事务）和商业部门，而不是政府部门。第三，政府设立的大部分大数据项目刚刚开始或计划未来实施，美国国家科学基金会和国家卫生机构的大数据计划就是如此。这意味着，大数据在政府部门的应用仍然处于发展的初级阶段，只有少数项目在运营（比如美国的RRP、新加坡的RAHS和英国的HSC）。

大数据关乎国家安全和竞争力

可以说，大数据的最大效应是“为我们创造了一个‘共同的世界（Common World）’，一个我们无论如何都只能共同分享的世界”①。以前，当一个国家想得到另一国的情报，特别是关乎民心、民情、民意方面的去向的情报，需要派出大量的情报搜集人员到该国潜伏调查，进行长期的情报收集和分析。但现在要想获得这些方面的信息，已无须大费周折。互联时代的国界已经慢慢模糊，只要对一个国家地理范围之内的民众在互联网论坛、微博上的留言、跟帖、搜索记录等关键字进行分析，就能获知该地的民意动向、政治局势。那些在大数据技术领域处于落后状态的国家，将在未来置身于一个被他国监控的弱势状态之中。

2014 年 2 月 27 日，中共中央成立了网络安全和信息化领导小组，中共中央总书记、国家主席习近平任组长，他在讲话中强调“信息资源日益成为重要生产要素和社会财富，信息掌握的多寡成为国家软实力和竞争力的重要标志”。

《孙子兵法》说：“多算胜，少算不胜。”关于大数据的名著《大数据时代》提到：“未来，数据将会像土地、石油和资本一样，成为经济运行中的根本性资源。”而在大数据时代，决定能否“多算”的重要因素在于，掌握数据的多少以及对数据处理能力的高低。有了大数据对象、大数据处理与应用的技术，再与各类实际应用需求相结合，大数据将给经济社会发展带来巨大影响。大数据将提升电子政务和政府社会治理的效率。大数据的包容性将打开政府各部门间、政府与市民间的边界，信息孤岛现象

---

① ［德］贝克、邓正来、沈国麟：《风险社会与中国》，《社会学研究》2010 年第 5 期。

大幅消减，数据共享成为可能，政府各机构协同办公效率和为民办事效率提高，同时大数据将极大地提升政府社会治理能力和公共服务能力。

数据已经渗透到各个行业和业务职能领域，对数据的科学运用将成为国家竞争力的重要组成部分。大数据时代，政府的重要职责不仅仅是强化自身对数据的开发利用，更重要的是推动大数据产业的发展和全社会的大数据应用。

目前，大数据所蕴含的战略价值已经引起多数发达国家政府重视，这些国家相继出台大数据战略规划和配套法规促进大数据应用与发展。在政府大数据战略部署和政策推动下，发达国家的政府部门、企业、高校及研究机构都开始积极探索大数据应用。

例如，美国大数据战略发布后，12 个联邦部门启动开展了 82 个大数据相关项目，涵盖了国防、国土安全、国家安全、能源、医疗卫生、食品药物、航空航天、人文社会科学、地质勘查等众多领域。企业借助大数据政策的东风，强化对大数据的技术研发和创新应用。

大数据时代，国家影响力和主导权体现在了对数据的掌控上。由于大数据将改变国家治理架构和模式，在大数据时代，用大数据可以通过对海量、动态、高增长、多元化、多样化数据的高速处理，快速获得有价值信息，提高公共决策能力。在竞争层面，国与国竞争焦点正从对资本、土地、人口、资源能源的掌控转向对大数据的掌控。对大数据的开发、利用与保护的竞争也越来越突出。有一种观点甚至认为，制“数”权将成为继制陆权、制海权、制空权之后的新制权。大数据时代中将会出现“数据强国”与“数据弱国”的区分，而不再像以往那样以土地面积、人口数量、经济规模等来作为国家竞争的关键因素。

在商业层面，大数据时代，获取通信、金融、买卖数据流也是企业制胜的关键。知识产权资产的核心内容将变成海量数据；数据将取代专利、商标、版权等，成为最主要、最重要的一种知识产权。随着大批科技企业签署交叉许可协议，放弃专利竞赛，投身大数据竞赛，西方大国的知识产权战略自然也将蜕变为大数据战略。

在安全层面，“大数据安全”已经影响国家战略安全。大数据时代，网络空间中，诸多涉及国家安全的机密数据的安全随时都可能受到威胁。各种国家信息基础设施和重要机构所承载着的庞大数据信息，如由信息网络系统所控制的石油和天然气管道、水、电力、交通、银行、金融、商业和军事等，都有可能成为被攻击的目标，大数据安全已经成为国家安全中一个极为关键的组成部分。

例如，过去美国一直借助互联网手段和信息技术对全球数据情报进行监控，确保自身在网络空间和数据空间的主导地位。其中尤以“棱镜计划”为重。棱镜计划（PRISM）是一项由美国国家安全局（NSA）自2007年小布什时期起开始实施的绝密电子监听计划，该计划的正式名号为“US-984XN”。英国《卫报》和美国《华盛顿邮报》2013年6月6日报道，美国国家安全局（NSA）和联邦调查局（FBI）于2007年启动了一个代号为“棱镜”的秘密监控项目，直接进入美国网际网路公司的中心服务器里挖掘数据、收集情报，包括微软、雅虎、谷歌、苹果等在内的9家国际网络巨头皆参与其中。大数据革命对于美国实现这一战略目标来说，是一个“利器”，可以大幅提升自身的全球数据采集能力、监控能力、分析能力。但对于别的国家而言，则会对大数据安全、大数据资产流失造成更大风险。根据“棱镜门”事件披露信息，美国政府和互联网、大数据领军公司紧密结合形成“美国数据情报联合体”，共同对全球数据空间（多种格式的数据信息）进行整体性监控分析，形成“数据霸权”。

正是由于大数据正在改变各国综合国力，重塑未来国际战略格局，2013 年 7 月，习近平视察中国科学院时指出：“大数据是工业社会的‘自由’资源，谁掌握了数据，谁就掌握了主动权。”

大数据还重新定义了各个大国博弈的空间。在大数据时代，世界各国对数据的依赖快速上升，国家竞争焦点已经从资本、土地、人口、资源的争夺转向了对大数据的争夺。习近平在中央网络安全和信息化领导小组第一次会议上指出：“网络信息是跨国界流动的，信息流引领技术流、资金流、人才流，信息资源日益成为重要生产要素和社会财富，信息掌握的多寡成为国家软实力和竞争力的重要标志。”未来国家层面的竞争力将部分体现为一国拥有数据的规模、活性以及解释、运用的能力，而数字主权将成为继边防、海防、空防之后另一个大国博弈的空间。

鉴于大数据潜在的巨大影响，很多国家或国际组织都将大数据视作战略资源，并将大数据提升为国家战略。2012 年 3 月，美国奥巴马政府宣布了“大数据研发计划”，并设立了 2 亿美元的启动资金，希望增强海量数据收集、分析、萃取能力，认为这事关美国的国家安全和未来竞争力。迄今为止，美国在大数据方面实施了三轮政策，开放了 50 多个门类的政府数据确保商业创新。欧盟正在力推《数据价值链战略计划》为 320 万人增加就业机会。日本积极谋划利用大数据改造国家治理体系，对冲经济下行风险。联合国推出的“全球脉动”项目，希望利用“大数据”预测某些地区的失业率或疾病爆发等现象，以提前指导援助项目。

国际金融危机以来，大数据上升至国家战略已经达成共识，大数据是未来大国间战略博弈的决胜关键。大数据引发的经济社会革命才刚刚开始，这是一场关乎中国前途未来，涉及利益深刻调整的革命。新一轮大国竞争，并不只在硝烟弥漫的战场，还通过大数据对整个世界局势产生影响力和主导权。

中国需要加快形成大数据国家战略。着力规划“大数据战略”中长期路线图与实施重点、目标、路径，统筹布局，加快大数据发展核心技术研发，推进大数据开放、共享及安全方面的相关立法与标准制定，抢占新的全球科技革命和产业革命战略机遇期，重构国家综合竞争优势已经迫在眉睫。

近年来，“大数据”议题已经成为了国务院常务会议的座上客，“大数据”战略早露端倪。2014 年 7 月 23 日，国务院常务会议审议通过《企业信息公示暂行条例（草案）》，推动构建公平竞争市场环境。其中要求建立部门间互联共享信息平台，运用大数据等手段提升监管水平。2014 年 9 月 17 日，部署进一步扶持小微企业发展，推动大众创业，万众创新，其中包括加大服务小微企业的信息系统建设，方便企业获得政策信息，运用大数据、云计算等技术提供更有效服务。2014 年 10 月 29 日，要求重点推进六大领域消费，其中强调加快健康医疗、企业监管等大数据应用。2014 年 11 月 15 日，提出在疾病防治、灾害预防、社会保障、电子政务等领域开展大数据应用示范。2015 年 1 月 14 日，部署加快发展服务贸易，以结构优化拓展发展空间，提出要创新模式，利用大数据、物联网等新技术打造服务贸易新型网络平台。2015 年 2 月 6 日，确定运用互联网和大数据技术，加快建设投资项目在线审批监管平台，横向联通发展改革、城乡规划、国土资源、环境保护等部门，纵向贯通各级政府，推进网上受理、办理、监管“一条龙”服务，做到全透明、可核查，让信息多跑路、群众少跑腿。2015 年 7 月，国务院办公厅印发的《关于运用大数据加强对市场主体服务和监管的若干意见》提出，要提高对市场主体服务水平；加强和改进市场监管；推进政府和社会信息资源开放共享；提高政府运用大数据的能力；积极培育和发展社会化征信服务。

大数据是每个人的大数据，是每个企业的大数据，更是整个国家的大数据。中共中央“十三五”规划建议提出：“实施国家大数据战略，推进数据资源开放共享。”“十三五”规划建议可谓是吹响了向大数据进军的号角，随着国家大数据战略的实施，基于大数据的智慧生活、智慧企业、智慧城市、智慧政府、智慧国家必将一一实现。

第二章　大数据时代的国家治理现代化

1. 大数据时代的中国国家治理能力建设

大数据对于政府治理的意义

大数据对于一个国家的治理部门来说，在新处理模式下将会成为使国家具有更强的决策力、洞察力和流程优化能力的海量、高增长率和多样化的信息资产。

2015 年 9 月，国务院发布的《促进大数据发展行动纲要》指出，目前我国在大数据发展和应用方面已具备一定基础，拥有市场优势和发展潜力，坚持创新驱动发展，加快大数据部署，深化大数据应用，已成为稳增长、促改革、调结构、惠民生和推动政府治理能力现代化的内在需要和必然选择。

当前，移动互联网、物联网等的迅速发展，使新数据源不断出现，GPS、传感器等使得数据持续、大量产生。而数据获取成本、存储成本和处理成本的下降，也推动了数据量的膨胀。正如美国麦肯锡全球研究院2011年6月发布的题为《大数据：下一个创新、竞争和生产力的前沿》中所指出的，“大数据时代已经到来”，数据正成为与物质资产和人力资本相提并论的重要生产要素，大数据的使用将成为未来提高竞争力的关键要素。美国政府于2012年3月宣布“大数据的研究和发展计划”，以提高对大数据的收集与分析能力，增强国家竞争力。其实，不仅是美国，其他一些国家也都把大数据提升到国家战略层面，认为未来国家层面的竞争力将部分体现为一国拥有数据的规模及运用数据的能力。

无处不在的信息感知和采集终端为我们采集了海量的数据，而以云计算为代表的计算技术的不断进步，为我们提供了强大的计算能力，这就围绕个人和组织的行为构建起了一个与物质世界相平行的“数字世界”，而大数据就是描绘这个数字世界的涂料。大数据虽然孕育于信息通信技术的日渐普遍和成熟，但它对社会经济生活产生的影响绝不限于技术层面，更本质上，它是为我们看待世界提供了一种全新的方法。

大数据正有力地推动着国家治理体系和治理能力走向现代化，正日益成为社会管理的驱动力、政府治理的“幕僚高参”。习近平在参观腾讯公司时说：“互联网在社会管理方面有较大作用，我们怎么去适应它？我看到你们做的工作都是很重要的，比如在这样的海量信息中，你们占有了最充分的数据，然后可以做出最客观、精准的分析。这方面对政府提供的建议是很有价值的。”

李克强在考察北京·贵阳大数据应用展示中心时说：“把执法权力关进‘数据铁笼’，让失信市场行为无处遁形，权力运行处处留痕，为政府决策提供第一手科学依据，实现‘人在干、云在算'。"他在考察山东浪潮集团时又指出:"不管是推进政府的简政放权,放管结合,还是推进新型工业化、城镇化、农业现代化,都要依靠大数据、云计算。所以,它应该是大势所趋,是一个潮流。"大数据使得政府决策的基础从少量的"样本数据"转变为海量的"全体数据"。政府树立大数据意识,促进相关数据完全共享,更多地依赖数据进行决策,可以实现从以有限个案为基础向"用数据说话"转变的全新决策。

大数据将大大提升国家治理能力

在中国台湾地区,2009年莫拉克台风肆虐,由于当局对灾情估计较为乐观,在空前强大的莫拉克台风来袭之际遇到了灾情传递不准确的难题。这时,台湾数位协会迅速利用既有网络资源和网络求助平台搭建了"莫拉克灾情网络中心",权威发布台湾地区政府的各种救灾信息以及民众的求助信息,这一平台的建立使政府和公众的信息得到及时的互动联通,大大提高了政府的救灾效率,有效弥补了政府治理过程中的治理失灵。

2014年8月3日下午,我国云南昭通鲁甸县发生6.5级地震,许多互联网公司利用数据平台和技术优势纷纷投入到抗震救灾队伍中,奇虎360公司启动了救灾响应与公益救助机制,紧急开发和上线了"360搜索寻人平台",同时利用360搜索、360手机卫士等产品在大数据挖掘上的技术优势,为抗震救灾工作提供信息和数据支持,截至6日19时30分,共提供寻人数据840条,报平安信息1056条。而在此前一年的雅安地震发生后,360搜索就成为首家上线地震寻人平台的互联网公司,在雅安地震中,360搜索"四川雅安地震寻人平台"成功帮助189人成功找到亲友,受到超过3500万网友关注。

百度公司也推出了“百度救灾地图”，只要用百度搜索“地震”“鲁甸地震”等关键词，或在手机端打开百度地图 APP 搜索关键词，也能看到救灾地图，直观地了解当前灾区各地的物资紧缺情况，让真正缺少物资的地方得到更多关注并获得最快速的帮助。同时，其他地区的人们还可通过百度专题页面设置的捐助通道直接向灾区捐款。此外，用户还可以看到灾区献血站点、现场捐助点、地震信息、国内主要救援队的救援轨迹等。这种方式比起传统的政府动员、统筹救援等方式更具协同优势。互联网企业本身在灾区内外拥有大量的用户，能及时使需求方、救援者以及捐助者都从中了解最新、最有效的信息，有利于提高抗震救灾的效率和水平。

伴随着大数据时代的到来、新一轮信息技术革命浪潮的出现，技术革命在静悄悄的革命中重塑了中国国家治理的生态。大数据技术把关联性分析运用到海量数据上来，预测未来事件发生的可能性，为解决现实的治理难题提供了全新的技术支撑，它是一种积极的国家治理资源，在国家治理能力建设上具有广阔的运用前景。总的来说，充分释放大数据红利对中国国家治理能力的现代化具有至关重要的意义。

在挑战与机遇共存的大数据时代，中国国家治理能力建设的路径优化是一个迫在眉睫的时代命题。在中国国家治理现代化的实践逻辑中，科学合理的治理方式将是国家治理体系现代化载体。大数据作为国家治理现代化的科技型技术，能够优化治理过程的生态环境，扩展制度设计的弹性空间，是引发制度创新与治理转型的良好契机。其重大意义具体体现在以下四个方面：

第一，大数据技术有利于提升国家的科学决策能力。

决策能力是国家治理能力的核心要素，科学决策能力是大数据时代提高国家治理效能的桥梁与纽带。大数据时代的公共决策将趋于“社会化”，为科学决策提供坚实的社会基础。随着信息技术的发展，社会公众意愿的表达和信息传递成本逐渐递减，每个社会个体均可利用信息化手段表达个体的意愿和看法，形成海量的“微”数据和“微”事件。执政党和政府可以防微杜渐，运用数据挖掘技术将这些分散的、模糊的小概率事件有序地关联起来，分析得出各种问题、危机和风险可能的发生概率，从而预先做出恰当的决策。通过对网站浏览、论坛留言、微博转发等网络舆情的深度分析，执政党和政府可以准确把握公众关注的热点问题，民众真实的社会需求和政治期望，执政党和政府的决策将更多更好地回应社会公众的意愿，更多地集聚民意和民智。

而且，大数据技术可以为政府部门提供海量实时信息数据，便于政府部门掌握最新的信息数据，使决策最大程度上贴合实际。这样一来，决策行为将基于数据分析做出，而不仅仅是依赖经验和直觉做出，公共决策的科学化将有更为坚实的保障。大数据的采集和分析不分层级，能够使信息扁平化而直接向决策者提供决策依据和参考。在执政党和政府的公共决策中应用大数据技术，能够增强决策的公平性、预见性和响应性，增强公共决策的民主化和科学化水平。

第二，大数据技术有利于提升社会监管能力。

在社会监管方面，通过对人口数据进行划分，能够有针对性地对基层社会进行有效管理和动态监控。例如，北京市东城区开展的精细化网格管理模式，将社区划分成若干网格状单元，并通过网格搜索社情民意、矛盾纠纷、安全隐患等信息，实现信息资源的共享和社会管理的现代化。

未来中国政府将用3～5年的时间，基本建成集合金融、工商登记、税收缴纳、社保缴费、交通违章等信用信息的统一平台，实现资源共享；建立以公民身份证号码为基础的公民统一社会信用代码制度；建立以组织机构代码为基础的法人和其他组织统一社会信用代码制度，大数据技术正全面进军我国的社会信用体系建设。

另外，社会组织的自律和公民的主动监管能力是更为重要的国家治理资源。在大数据时代，中国公民参与的渠道将更为多元化，政民互动渠道将进一步拓展，以微博、微信等社交媒体为主的信息发布技术，为公民参与提供了实时互动的全新信息空间，有望促进“参与型”社会的形成。在一个参与型社会，执政党和政府可以在拓展公民参与的过程中不断提升公民能力，以提升公民能力和公民意识来强化社会监管能力。

第三，大数据技术有利于提升国家的公共服务能力。

在大数据时代，数据是一种权利，开放则成为一种潮流。数据的开放和流动，代表着知识和权力的开放和流动。经济的繁荣、政府的开放、城市的智慧和社会的民主，共同构成了开放式的、平台式的公共服务生态环境。在公共服务环境不断开放化的过程中，公共服务机制将不断优化，民众需求更加明确，服务方式更为灵活，服务内容更加丰富，服务质量更加高效，执政党和政府的公共服务能力大为增强。

同时，在大数据时代，公众和政府的行为都处于“第三只眼”的观察之下，公共服务供给的主动性更强，公民主动对公共服务进行过程追踪，确保公共服务质量，从而有利于解决食品、药品等行业的安全问题；执政党和政府主动提高公共服务质量，政府部门可以通过分析大数据来判断公众对公共服务质量的评价，以此改善服务和提高公众满意度。

另外，大数据时代的到来，使数据挖掘更加深入和精细化，有利于引导政府提供更加个性化和人性化的公共服务。例如在医疗卫生行业，相关部门可以从多个渠道获取个人健康信息，把职业等行为数据与电子病历等医疗数据关联起来，形成一个综合的健康状况评估模式，为公众提供精细化的医疗服务。大数据时代以语义网为代表的 Web 3.0 技术将成为主流，政府可以通过对公众在政府网站、微博等的浏览次数、栏目关注度、在线申请服务、发表评论等多项活动的分析，运用数据挖掘技术对公众活动进行关联，进而主动推送个性化的服务。

总之，政府在人口、教育、治安、就业、交通、社保、卫生、工商、税收、民政等方面拥有天然的数据优势，通过这些数据的深度挖掘，政府管理者可准确预测到民众和企业的服务需求，进而提供以需求为导向的公共服务，提高工作效率，提高服务质量和公众满意度，降低公共服务成本，提升公共服务能力。

第四，大数据技术有利于提升国家的应急管理能力。

大数据时代也是一个充满危机和风险的时代，但大数据技术为应对危机提供了更多的治理资源。

例如，利用大数据可以还原危机发生的真相。在信息时代，微信、微博等新媒体早已取代传统媒体成为信息传播的发源地，网络传播的快速性和网络信息可辨识度低的特性，使得网络成为公共危机爆发的“火山”。政府部门需要利用大数据对社会热点、名人微博等海量社交数据的跟踪分析，找到社会危机事件的起因、传播的渠道、涉及的关键人物，进而有效地还原社会危机发生的过程，以客观的事实和数据呈现事情的真相。同时，利用大数据可以预测危机发生的可能性。对海量社交媒体数据的分析，可以预测恐怖主义和骚乱活动等突发事件。另外，利用大数据可以降低危机带来的灾难。利用大数据的预测和预警分析功能，可以让政府有关部门和社会市场主体提前做好有关准备工作，有效降低各种危机带来的灾难和损失，特别是在应对各种自然灾害和突发性安全事件之时。

在中国国家治理的特定情境下，网络群体性事件此起彼伏，群体极化现象严重，集体泄愤、网络暴力、民粹主义、泛政治化等行为对社会稳定都构成一定的威胁和挑战。利用大数据技术，对网民的言论和情绪进行研判，能够感知网民关注的热点问题及其持有的观点和看法，也能够感知网民对某一事件或者现实问题的社会情绪变化，及时采取应对措施，维护社会稳定。

利用大数据技术，还可以提高对危机的预警能力。通过物联网传感器监测，能够掌握地形的变化，能够监测油气的泄露情况，能够监测道路的损毁情况等等，并及时找出安全隐患，有效避免安全事故和灾难的发生，更好地实施社会危机和风险治理，社会危机和风险治理是大数据技术未来应用的重点领域。大数据通过增强对小概率事件的关联与研究，可以有效减少社会危机发生的不确定性，增强风险预警能力，降低社会危机带来的危害。

预测是大数据治国的核心，建立在完备数据库基础上的数据共享能够使数据资源的调配和使用效益递增，数据开放能够增强市场和社会在国家治理中的主动性，关联性分析则能够很好地预测公共服务需求、提供个性化服务，预测社会治理危机和公共安全事故的发生，将治理危机的不确定性转变为可控性，有效实施事前控制，降低治理成本。对于中国国家治理现代化而言，大数据技术提供了全面提升国家治理能力的契机。

政府如何推动大数据治国

大数据时代的数据资源和技术资源广泛散布于“政府—市场—社会”三个子系统中，以结构化数据为主的行业内数据资源、以半结构化数据为主的物联网数据资源和以非结构化数据为主的互联网数据资源，弥散分布在政府、市场与社会中，市场和社会更是在大数据技术方面占据优势地位。因此，大数据服务于国家治理能力建设的核心是正确处理好“政府—市场—社会”三者的关系，在构建多中心合作治理模式的过程中实现政府角色的现代转型。

能否利用大数据带来的信息化变革，加速推进政府转型，以信息公开促进依法行政，以数据开放增强市场活力，不仅影响着大数据行业本身的发展，更事关相关改革的成败。执政党对于大数据技术变革的深刻认识、政府力量主导大数据产业的建设，这些无疑是大数据时代推动国家治理能力现代化建设的关键。这需要从中央到地方的党、政部门领导者转变传统的治理思维和决策习惯，自上而下树立大数据治国意识，重视真实数据的收集、重视数据的相关关系、重视大数据在决策中的应用，建立专门的基于大数据的决策机制，实施“数据驱动的决策方法”，实现大数据预测结果与政府决策输出的有机衔接，提高科学决策能力。

发展政务大数据的意义，不仅在于打通部门壁垒、提高行政效率，更在于转变思维方式，引领政府转型。信息技术管理专家、《大数据》一书的作者涂子沛表示，我国应对数据在现代社会的重要性有充分认识，将数据理念、数据知识纳入公务员常规培训体系，力争在全社会形成“用数据说话、用数据管理、用数据决策、用数据创新”的氛围，适应时代发展潮流。

相关的政府部门应致力于消除“信息孤岛”，建立大数据中心，从纵向和横向上实现数据整合。20 世纪 90 年代启动的“十二金”工程，特别是宏观经济管理、金财、金盾、金审、社会保障、金农、金水、金质等 8 个业务系统工程实施，为政府积累了海量的业务数据。政府在各层级、各部门均具有丰富的业务数据库。跨层级、跨部门的数据整合能够打破部门隔阂，为科学决策提供坚实基础；同时，数据整合能实现政务流程再造，提高政府治理体系的运转效率，提高制度的执行能力，增强公共服务能力。

目前，广东省、上海市已率先成立了大数据管理局，通过大数据挖掘来更好地提升国家治理能力。住建部先后审核批准了 193 个国家智慧城市（区、镇）进行智慧城市建设试点，智慧交通、智能电网、智慧物流、智慧医疗、智慧环保、智慧社区、智慧建筑、智慧农业等能够惠及百姓生活，提高政府的公共服务能力。从目前的实践尝试来看，大数据应用于国家治理能力建设才刚刚起步，还需要我们的政府加大支持大数据发展的力度，为大数据时代国家治理能力现代化奠定坚实的基础。

大数据时代的国家治理能力现代化，要求发挥市场在资源配置中的基础性乃至决定性作用。市场运作能够充分释放大数据红利，而释放大数据红利的前提则是数据开放。政府在大数据时代国家治理能力现代化中的主导作用集中体现在自身角色的调整和对市场的扶持两个方面。

在大数据开放方面，上海市率先建设了上海市政府数据服务网，北京市紧接着也建设了北京市政务数据资源网。在大数据项目合作方面，国家统计局、北京市卫计委、上海市统计局、贵州省人民政府、广西壮族自治区人民政府等政府机构，已与百度、1 号店、阿里巴巴等企业签订了大数据合作协议。只要不涉及国家安全、商业秘密和个人隐私的数据都可以开放，数据开放和数据合作能够促进数据资源在政府、市场与社会之间自由流动，从而实现数据资源的合理配置。在政府与市场共建的大数据共享共用平台下，政府规划和政府监管能够保护公民个人隐私、维持市场秩序，市场运作能够推动数据创新、保证运转效率，在推动科技产业发展的同时，也有利于破解产能过剩、生态恶化、交通拥堵等国家治理难题，提升国家治理能力。

一方面，政府、市场与社会在大数据治国时代形成一个稳固的资源依赖结构，大数据技术嵌入国家治理体系，可以借机捋顺政府、市场与社会的关系，实现国家治理体系优化，进而使国家治理能力得到系统性提升。

另一方面，执政党和政府能够直接利用大数据提升自身的科学决策能力、社会监管能力、公共服务能力和应急管理能力。前景固然美好，但传统的治理思维和治理体制在大数据时代却显现出很强的顽固性，大数据的基础设施建设、技术与人才保障、数据的标准化、法律的制定等也尚处于起步阶段。

欲克服大数据意识缺乏、信息安全、隐私侵犯、数字鸿沟、数据依赖、信息孤岛等大数据治国难题，使大数据在国家治理能力建设中发挥更好的作用，转变政府角色，激发市场和社会的活力，构建政府—市场—社会之间的多中心合作治理模式是国家治理能力建设的不二选择。

激发社会和公民的广泛参与

政府虽然坐拥海量数据资源，但其创新性和对市场需求捕捉的能力，往往不如社会和市场力量，因此如何充分发挥后者的积极性就成为一个重要课题。

“以前我们需要向其他地图企业购买数据，现在有了大数据平台提供的免费数据，不仅节约了企业成本，数据源也更加权威。”北京九州联宇信息技术有限公司创始人兼总经理王川久说。王川久的公司正试图借助北京市政府数据资源网开发公交出行应用，提供公交车到站信息查询服务。由于政府数据资源网公开了相关数据，他的公司一年可节省数百万元费用。

“一方面政府掌握着大量核心数据，占数据总量95%以上的非结构化数据被束之高阁；另一方面，一些企业拥有专业数据分析应用技术，却只能望宝山兴叹。”九三学社中央副主席赖明说，若政府部门与市场主体加强合作，必将激活潜藏的巨大市场价值，并提升政府决策管理服务水平。

例如，北京市政府牵手百度，打造“北京健康云”。在“健康云”的架构下，如果一位有心血管疾病的用户感觉身体不适，就可以立刻用智能心电仪贴在身上监测一下，将他的心电数据实时上传到云端。而在另一侧，云端后台有医生24小时监控，一旦发现数据异常，就会立即通知用户就医。同时，后台还会根据用户定期上传的各项数据，引导其建立科学的生活方式，未雨绸缪，这些必将降低个人和社会的医疗支出。事实上，除了百度，阿里巴巴和腾讯近期也纷纷布局大数据产业，并依托自身优势，或联合银行促融资，或携手高校搞科研。

两院院士李德仁说，政务大数据是全社会的资源，政府要激活社会参与大数据建设的积极性，把“专业的事交给专业的人去做”，这也符合党的十八届三中全会关于政府职能转变的要求。李德仁认为，当前应积极引导鼓励已经拥有或可能拥有超大量数据的企业和机构深度挖掘利用数据，推动企业间开展大数据协同共享和应用整合，形成良好的大数据发展战略氛围。同时，利用好科研机构的人才优势开发大数据思维创新产业。积极培育“数据中间商”这一新的商务模式，加强相关咨询服务和人才市场等第三方机构建设，推广咨询服务产品，以思维创新支撑大数据产业的发展。

社会和公民的广泛参与可谓是大数据时代国家治理能力现代化的基本保证。国家治理能力现代化最具有智慧的不只是大数据技术，人也是大数据时代智慧的象征。社会和公民参与有利于大数据时代国家治理能力的现代化。体制外有一群优秀的大数据“程序员”（在机构外部工作的独立实体和机构内部的工作人员），可以担任数据分析和预测的评估专家，缺乏大数据分析师的政府需要在数据挖掘方面与体制外“程序员”合作。

在数据采集方面，提升国家治理能力也亟需发挥社会组织和公民的主观能动性。在中国这样一个超大规模的国家采集数据具有很高的难度，社会和公民参与能够为数据采集提供便利。通过“数据众包模式”将数据采集工具分发给个人，个人借助数据采集工具轻松完成采集任务，采集的数据涵盖面广且具有较强的连续性。例如，中国民间环保组织“自然之友”武汉小组主办的子项目“武汉空气日记”，每天在新浪微博发布当日民间自测的空气中 PM2.5 浓度和其他空气质量信息。政府的环保部门对空气质量指数的采集、对地表水质量指数的测量、对污染源企业的监管、对环境治理效果监测等都可以借鉴众包思路进行采集。

在大数据时代，对数据的知悉、掌握也是一种权利，数据监管是为了保护公民的隐私权，而数据开放则是为了保障公民知情权。大数据时代的社会监督有助于国家治理能力现代化。数据开放是公民监督和制衡政府的手段，数据监管是公民监督和制衡市场的工具。社会和公民参与数据挖掘、数据采集、问题防范和社会监督，可以有效拓展国家治理能力现代化的社会空间，是大数据时代提升国家治理能力的基本保证。

大数据时代的国家治理，在数据收集、数据整合、数据分析、数据应用以及个人隐私保护等方面，均需要政府—市场—社会的通力合作，实现国家治理结构的战略重构。现代政府应该是“有效且有限”的政府，通过激发市场和社会在大数据治国中的活力，中国的国家治理能力与效力将显著增强。

大数据治国面临的挑战

在大数据时代，现有国家治理体系的主体结构、体制机制和关键流程，在信息技术的快速变迁中显露出明显的不适应性。国家治理行为和体系结构的不适应性，使国家治理能力建设面临着极其严峻的挑战。

我国的数据资源虽然丰富，但由于长期缺乏数据文化，收集数据、分析数据和使用数据的意识淡薄。例如，2006 年卫生部制定了第一套最小标准数据集，比美国晚了 33 年；2006 年国家统计局正式成立了社情民意调查中心，比美国晚了 66 年；2010 年起物联网的技术开始在铁道部、交通部得到应用，比美国晚了 48 年。2011 年，中国拥有 4.8 亿互联网用户，几乎是美国的两倍，拥有近 9 亿部手机，是美国的 3 倍，互联网和手机都是产生数据的重要来源。中国缺乏的不是可供收集的数据，也不是收集数据的手段，而是收集数据的意识。由于我国的大数据存在着不系统、不具有连续性的问题，很多数据都没有长期的积累，难以从历史的对比中寻找规律。

在压力型体制下，官员为了晋升而盲目追求政绩，政治锦标赛模式下的数据收集存在瞒报、少报、漏报、不报行为，报喜不报忧，例如媒体屡屡报道的各地方瞒报矿难数据、交通事故数据等案例即是明证。由于数据造假、虚报数据导致信息失真，使得许多数据难以反映出实际情况。此外，长期以来，政府决策高度依赖经验和直觉，用数据描述事实、追求数据决策的意识不强，大概重于精确、因果关系重于相关关系、预防重于预测成为治国理政的陋习。

技术和人才是信息社会必不可少的要件。中国的数据资源虽然丰富，但由于数据获取技术、数据挖掘技术、数据整合技术、数据使用技术的缺乏，大数据的价值未得到充分体现，进而阻碍了大数据的开发和利用。数据仓库、数据挖掘的开展是一个多专家合作的过程，要求相关人员既熟悉本单位业务和需求，具备相关专业知识和经验，同时又了解大数据技术。而我国的公共部门缺乏大数据专业技术人才，相关职能机构构成人员主要是政府管理人员，而非大数据专业技术人员。面对大数据，如果不会分析，数据价值就得不到彰显；如果分析错误，导致的政策后果同样严重。

在大数据时代，数据安全问题是中国国家治理建设面临的重大问题。2014 年爆发的“棱镜门”事件把数据安全问题赤裸裸地摆在我们面前。由于大数据要求数据的集中存储，而数据的集中存储恰恰增加了数据的泄露风险。数据库的泄露将给政府、市场、社会以及公民造成巨大的损害。目前，在我国核心行业，如能源、金融、电信等 IT 基础设施领域，来自国外的企业品牌，如 IBM、Oracle、EMC 分别占据了小型机、数据库、存储产品的市场垄断地位，这对我国的数据安全乃至国家安全都造成了极大威胁。

进入大数据时代之后，个人的社会行为被高度数字化，个人网上浏览记录、消费记录、通话记录等数据足以勾画出个人的主要社会活动图像，并由这些活动图像可以对个人的行为特征进行分析。对这些数据善加分析和利用，可以增强国家权力的监控能力，也可以衍生出很多新的商业模式，催生新的职业。事实上，在现代国家制度框架中，国家权力监控体系与公民权利保障机制是一种共生结构，而现代信息技术在这种共生结构中的双面运用是非对称、非均衡的，国家行政系统凭借其拥有运用信息技术的巨大优势，可以在国家监控体系中充分利用信息技术手段，对公民的信息进行全面的收集和贮存，对公民的行为进行彻底的监管，以致可以打造一个极为富有效率的“数字利维坦”①。国家治理中的“数字利维坦”风险表明，国家凭借其行政权力和数据优势，容易对公民个人的隐私造成侵害。对公民个人的隐私侵害还来自于企业对个人数据的商业化运用，别有用心的人利用这些个人特征数据，可能对用户的财产安全甚至人身安全造成伤害，而如何界定数据所有权和使用权的边界，这在目前的法律条文中还没有明确说明。

数字鸿沟造成的差别被称作继城乡差别、工农差别和脑体差别之后的“第四大差别”。2012 年我国城乡数字鸿沟指数为 0.44，地区数字鸿沟指数为 0.32。截至 2013 年 12 月底，农村网民规模已达 1.77 亿，占整体网民的 28.6%。如果以第六次全国人口普查结果为基准，居住在城镇的人口为 66557 万人，居住在乡村的人口为 67415 万人。城镇人口与农村人口占比相当的情况下，农村网民与城市网民的比例约为 1：2.69，这意味着农村大部分民众无法在网络世界表达情绪、意见、诉求和偏好，也就无

---

① “利维坦”（Leviathan），原为《旧约圣经》中记载的一种海上怪兽。自英国哲学家霍布斯的名著《利维坦》问世以后，利维坦成为强势的国家（政府）的代名词。

法完全进入大数据时代国家治理的决策视野。大数据时代，依据不具有代表性的数据所做的国家治理决策必然会忽略信息时代的缺席者。如果旧的数字鸿沟没有得到解决，大数据治国将产生很多“意外后果”，加剧旧的数字鸿沟，增大公共服务提供上的差异化程度。此外，智慧城市建设会加剧城乡之间的隔阂，农民和市民之间的信息技能差别加大而使得城乡之间的流动变得更加困难。

大数据时代的国家治理容易对数据产生崇拜和依赖，一个极端是根据固有的经验治理、施政，另一个极端则是盲目迷信高科技、迷信数字。技术崇拜也易导致治理者在数据海洋中迷失自我，为了“数据”而“数据”的技术依赖也会导致国家治理风险的剧增，特别是高度自动化以后，大数据技术的一点小故障可能带来致命的危险。国家治理现代化高度依赖科技型技术，一旦技术停止了运转，会导致常规治理体系瘫痪而无法运转。

大数据推动国家治理现代化，还面临着“信息孤岛”的困境。信息孤岛是指由于数据标准等原因，造成不同信息系统之间的数据无法兼容，从而形成了一个个的“孤岛”。信息孤岛的产生，主要是由于不同部门在建设信息系统时，缺乏顶层设计和整体发展战略，从而导致不同的信息系统之间很难兼容，整合代价昂贵。尽管我国为了提升电子政务发展水平，实施了“十二金”工程①，但信息孤岛在我国当前政府部门的信息化系统之间是一

---

① “十二金”是面向政府办公业务建立的十二个重点信息应用系统，按“2523”分为四个层次：第一个“2”指提供宏观决策支持的金宏、金土工程；“5”指涉及金融系统的金财、金税、金卡、金审和金关工程；第二个“2”指关系到国家稳定和社会稳定的金盾工程、金保工程；“3”指具有专业性质但对国家民生具有重要意义的金农、金水、金质工程。我国的电子政务建设正围绕“两网一站四库十二金”展开。1993 年 12 月，为适应全球建设信息高速公路的潮流，我国正式启动了国民经济信息化的起步工程——“三金工程”，即金桥工程、金关工程和金卡工程。“三金工程”的启动，标志着我国“金”字工程全面铺开。经过多年的持续发展，以“金”字头为代表的多项工程取得了突破性进展。

种普遍现象，这从国际上公认衡量各国信息化发展水平的全球电子政务发展指数（EGDI）上也能体现。近十年，我国 EGDI 排名先升后降，从 2003 年第 74 位升至 2005 年第 57 位，2012 年跌至第 78 位。信息孤岛将严重阻碍大数据在国家治理中的整合、分析与运用。大数据时代的国家治理能力建设必然要求消除部门之间的信息孤岛，实现数据共享，简化行政审批流程和办事程序。然而，数据共享和行政审批制度改革会改变利益格局、触犯既得利益者的利益、缩小权力寻租的空间，既得利益者出于对自我利益的保护，可能将大数据技术带来的治理契机转化成强化既得利益的手段和工具。

大数据技术无法自动地、自发地发展出有意义和有价值的政府制度安排；大数据技术应用于政府治理和公共事务管理的功能和意义，取决于治理者对大数据和数字化政府概念的理解及赋予其什么样的意义。大数据技术与传统治理方式的简单嫁接，后果只能是进一步固化现有组织机构和工作流程，进而构成国家治理能力现代化建设的障碍。

传统的治理思维和治理体制在大数据时代显现出很强的不适应性，既往政府治理部门的收集数据、分析数据和使用数据的意识淡薄，致使数据不系统、数据失真、不具有连续性等问题频现，安防技术不过硬、法律法规不完善、信息基础设施的差异化建设，引发了新的信息安全、隐私侵犯、数字鸿沟等问题，数据标准化程度低、部门利益凸显等成为数据共享的难题。大数据技术正在重塑政府、市场和社会本身，再造政府、市场、社会三者的关系模式。中国现有的国家治理模式很难适应大数据治国的需要，亟待推进国家治理体系与治理能力的现代化。

2. 新时代的政府治理指导理念

对政府治理理念的影响

人类社会的治理理念，当然是随着时代发展、社会变迁而变化的。大数据时代是一个将海量数据视为核心资产的时代，政府、企业、社会组织以及公民的意见表达、偏好选择、行为习惯等均被高度数据化，数据管理被视为重要的国家发展战略。大数据思维和技术应用已经逐渐渗透到中国国家治理的各个层面，对国家治理理念、治理制度、治理结构和治理工具等均将产生极其深远的影响。

从技术层面来看，大数据时代社会信息化和政府信息化程度前所未有，物联网、云计算、数据整合、基于语义网的 Web 3.0、关联数据、信息发布等新技术的发展与普及，为政府治理实现“智能”化提供了技术支撑，将会从根本上改革政府的组织模式和政府形态，进而改变政府治理模式，影响整个政府存在的形态。从长远来看，大数据将会对政府治理范式、政府职能和政府自身管理等多个方面产生影响。

第一，要有开放的意识。

大数据时代最强音：开放，开放。无论是美国提出的“开放政府”战略，还是规模不断扩大的世界“开放联盟”组织，世界各国政府的开放意识在强化。开放意识的缺失，将使一个国家或政府在大数据时代处于“被淘汰”的境地。

第二，要有包容的心态。

大数据时代，国家间的包容性增强，欧盟科学数据的开放战略志在打破体系内20多个国家的数据分界线，实现数据世界的一体化。美国与印度联合开发公共数据OGLP平台，希望可以将其免费、无条件地移植到世界各国或组织，国家边界模糊化；美国We the People的上线，使政府利用“社交”方式为公民提供了合法的倾诉平台，从而可以更近距离地听到公众的声音，政府与公众之间的包容度增强了。

第三，要有科学的态度。

大数据时代，数据的颗粒度在变小，政府所能获得的和提供的数据更加原始与真实，政府决策过程在科学技术的支撑下变得高效与可考证化，决策结果中不确定因素所带来的风险大大降低。科学思考成为一种习惯，经验分析不再主导。大数据时代，认识问题、分析问题、思考问题、解决问题，都需要进行“关联”，人的关联、物的关联、人与物的关联、历史时间的关联、地理位置空间的关联、多维度的关联，等等。

对政府治理机制的影响

技术是政府治理的要素之一，技术变革是政府治理现代化的重要推动力量。对于政府来说，技术变革既可以带来治理手段的创新，也可能推动治理机制的创新，最终变革政府治理范式。

大数据时代要对数据进行治理，而非管理，避免出现数据的独享、集中和单向性，充分体现社会开放性、权力多中心和双向互动特性。一般认为自20世纪90年代末已经进入了后新公共管理时期，兴起了“治理”理论。在美国，对新公共管理进行批评并对它大有取代之势的是新公共服务，代表性人物罗伯特·登哈特甚至认为新公共服务已经成为公共行政的一种模式。在英国，在对新公共管理的批评中发展起来的是整体性治理模式（holistic governance），其代表人物是佩里·希克斯和帕却克·登力维。新加坡政府在其《新加坡电子政务总体规划（2011—2015）》（eGov2015）中提到了“整体政府转型”，目的是为公众提供更加便捷的服务，核心是达到共享和协同。

除了已经发展较为成熟和体系化的新公共服务和整体性治理两大主流政府治理理论体系外，在信息化技术飞速发展的影响下相继出现了数字化治理、网络化治理等提法。尽管各流派侧重点各有不同，但也存在一定的共性，“治理”理论的核心观点是主张通过合作、协商、伙伴关系，确定共同的目标等途径，实现对公共事务的管理，涉及的核心问题就是权力多中心化以及由此引发主体多元化、结构网络化、过程互动化和方式协调化的诉求。对比大数据的社会属性，发现其与“治理”理论在多中心、回应性、协同化等诸多方面不谋而合。因此，将大数据应用到政府治理中将加速政府治理的创新，可以产生“倍增”效应。

大数据时代的政府治理范式将在新公共管理、新公共服务、整体治理、数字化治理、网络化治理等多种治理模式的基础上，以“智能化”重新塑造政府治理模式。虽然这种想法尚不成熟，但我们认为：大数据创新政府治理的动力源于其“智能”治理。大数据将引领社会从信息时代、知识时代向智能时代迈进，在智能时代，人与人之间的合作、任务之间的对接会更精确，要求政府治理实现“智能化”，以降低整个国家和社会的运行成本。

在大数据时代，海量基础数据要经过三次转化，使政府治理实现“智能”化。

首先通过利用先进的数据技术对大量的政府业务数据和公众行为数据进行分析，实现无序数据向关联化、隐性数据向显性化、静态数据向动态化、海量数据向智能化的转化。然后，政府加大数据开放力度，形成新的产业进而创造利润，同时也可以利用数据加强绩效考评提升政府人员、政府组织和 IT 资产的效率，为政府节省行政成本，实现数据向利润的转变，提升政府竞争力。政府加强在网络反腐、舆情监控等公共领域对数据的应用，实现政府决策、政府管理由事后决策转变为事前预警，将数据转化为科学决策，提升政府决策力。最终，经过三次转化，政府把低价值度的数据转变成政府治理能力，实现“智能”治理。

对政府社会管理方式的影响

公共决策趋于“社会化”

大数据对政府决策的影响，其核心在于用大数据理念和意识创新决策机制，实现“数据驱动决策”。“引导政府前进的将是基于实证的事实，而不是意识形态，也不是利益集团在政府决策过程中施加的影响。”诺贝尔经济学奖获得者赫伯特·西蒙提出决策者在决策过程中表现出有限理性而非纯理性的观点，当决策者试图理性地行动时受到获得信息和加工信息能力方面的限制。显然，按照西蒙的理论，基础数据和信息是正确决策的重要依据，没有准确可靠的数据和信息作保障，就无法做出及时、正确的决策。

大数据时代，信息和加工信息能力方面的限制被最大程度地“最小化”了，物联网的广泛应用和智能终端的普及为信息决策提供了大量实时而精准的数据，云计算为海量数据存储提供了“场地”和平台，开源软件、商业智能等技术的成熟保证了对海量数据的处理能力。更为关键的是，社交网络快速发展所产生的社会行为数据使得政府决策“社会化”特征更加明显，社会行为数据的深度分析使得政府在决策治理机制上呈现出社会化创新趋势。

民众对公共事务的参与从“象征”到“实质”

根据美国学者阿尔斯泰因（S. R. Arnstein）的观点，公众参与可以分为三个层次：第一层次是假性参与或非参与，包括操纵性参与和教育性参与两种形式；第二层次是象征性参与，包括告知性参与、咨询性参与和限制性参与等形式；第三层次是实质性参与，有合作性参与、代表性参与、决策性参与等形式。公众的参与程度与参与层次呈正相关，随着参与层次的上升而逐渐加强。目前，公众参与仍然以象征性参与为主，集中表现在政府网站发布以国家政策、领导活动等告知性内容为主的政务信息为主，政府网站上的“建议征集”“网站调查”等更新不及时、公众参与反馈度不足、公众希望了解的涉及政府管理的敏感信息公开度不够。

大数据时代，政府将以更加开放的心态把民众当作“合作伙伴”和城市问题的“决策者”，给民众提供广泛的参与机会，从而推动公众参与由象征性参与阶段迈向实质性参与阶段。这种转变集中表现在以下三个方面：

第一，增强公众社会参与的合法性。

在大数据时代，社会成为一个社交平台，公众可以任意使用平台上的任何资源，同时也会发表自己作为公民的意愿或建议。政府会主动或被动地听取公众的意愿或建议，公众的声音在社会响起。例如，2011 年 9 月，美国总统奥巴马曾作出承诺，启动一个全新的在线工具“We the People”项目，让美国人民能直接向白宫请愿，让政府可以听到他们的声音。“We the People”网页允许互联网用户创建账户、登录、发起请愿并投票，当投票超过美国白宫设置的“阀值”，政府会对其请愿发表官方回复，同时还会将请愿书提交给制定政策的相关部门。截至 2013 年 5 月上旬，美国共对 110 个请愿作了官方回复。公众参与社会治理的合法性在一定程度上进一步得到了承认。

第二，拓展公众参与渠道。

基于 Web 3.0 语义网技术，以“微博”等社交媒体为主的分布式信息发布技术，为公众参与提供了实时互动的全新信息空间，从而导致了信息的海量递增和传播渠道的极度多元，加强了与公众的沟通。政府充分重视社交媒体和手机移动应用的功能，美国政府网站为公众搭建了政府与公众沟通的 Web 2.0 平台，Facebook、Twitter 等社交媒体成为公众表达意愿的最佳发言“场所”，政府服务被越来越多地“搬上”手机，APP 应用的下载率和评级可以告诉政府公众需要什么。美国政府计划，未来将把“We the People”与社交媒体整合，并推出一个移动版本。

第三，激活公众社会创造力。

个人可以将数据转化为大众应用，提升公众在社会管理中的参与度，以美国纽约市为例，大数据时代，纽约市以更加开放的心态、更加有战略的意识和更加先进的技术，实现了政府治理模式的转型与创新。纽约市通过向公众开放数据“激活”大众创新，纽约市政府通过政府数据开放统一网站 NYC Open Data，向公众大量开放政府部门的数据资源。目前，已经有 60 多个政府部门向公众开放了 750 多个数据库，任何人都可从网站上直接下载这些数据，这些数据格式是机器可读的。公众可利用这些数据参政议政和监督政府，也能利用其提高生活品质和创造社会价值。纽约市的官员认为，开放政府数据还有助于提升投资者对城市的信心，从而能增加资本流入、带动经济发展促进就业。依托于数据开放，从 2009 年起，纽约市政府举办的纽约大苹果 APP 竞赛

（NYC BigApps），吸引了大约二十多万人关注，有 8 万多人参与了“最佳 APP”的投票活动。过去三年，主办方共收到了 238 个应用，其中 30 多个获得了奖项。例如，“别在这里吃饭”（Don't Eat At）会在用户走进一家存在不良卫生记录的餐馆时，自动向其发送短信提醒。这些获奖者通过其 APP 应用共吸引了 600 多万美元的投资。

社会危机治理的“去危机”化

所有危机的发生都不是偶然的，而是有着内在联系和必然性。在应对各种危机中，政府要做的是监测数据，找到规律，预警防范。大数据通过增强对现象发生小概率的关联与研究，可以有效减少社会危机发生的不确定性，增强风险预警能力，降低社会危机带来的危害。例如，美国联邦执法部门和情报机构在网上发布的信息征集启事显示，美国政府正在寻找一款能够分析社交媒体海量数据，并预测未来恐怖主义袭击和国外暴乱等重大事件的软件。

一般来说，社会危机主要包括经济风险、自然风险、公共健康风险（食品和药品安全）、技术风险（核泄露、疫情传播）和社会群体危机等几大类，利用大数据技术可以增强对经济风险、自然风险发生可能的预见性；可以有效追踪食品与药品从生产到流通的各个环节，将隐患消除在源头，同时，政府还可以通过对被召回的物品进行关联分析实现对企业行业的有效监管；可以利用世界医疗、技术资源共享增强风险的可解决性。此外，公共危机发展态势越来越取决于公众的态度，通过对公众所关心的社会热点、微博等社交媒体的分析，可以较早地发现社会群体事件预兆，进而采取有效的解决策略。

例如美国政府推出的“一站式”产品召回网站，就是利用大数据有效减少社会危机、增强风险预警能力的应用。为了便于公众查找召回产品信息以及对行业监管，美国国家公路交通安全管理局（NHTSA）、食品药品管理局（FDA）、海岸警卫队、农业部（USDA）、环保署等六个联邦政府部门联合不同管辖区共建了Recalls. gov“一站式”产品召回网站，向公众集中提供消费者产品、机动车、食物、药品、化妆品和环保产品等七大类产品的召回信息。在该网站中，公众可以查到最及时的召回信息，大到汽车、药品，小到汽车安全坐垫、超市猪肉质量等，同时公众也可以在该平台向有关部门提交不安全产品信息，形成查询、举报一体化平台。该网站的作用绝不止于此，政府部门可以通过该网站浏览量监测到近期不合格产品出现的频度、领域等，进而加强对有关行业和企业的监管，最终实现联合执法和管理。

3. 推动大数据治理，国家在行动

推进大数据治理的政府角色

面对大数据时代，世界各国可谓又重新站在了一个起跑线上，从这个角度来说，当前正是利用大数据推进国家治理现代化的宝贵时机。对这一轮大数据革命，我国作出了非常及时的战略响应。2015年7月1日，国务院办公厅发布了《关于运用大数据加强对市场主体服务和监管的若干意见》；7月4日，国务院发布了《关于积极推进“互联网+”行动的指导意见》；9月5日，国务院发布了《促进大数据发展行动纲要》。这几份重磅文件密集出台，标志着我国大数据战略部署和顶层设计正式确立。

大数据是一场管理革命，“用数据说话、用数据决策、用数据管理、用数据创新”，这将给国家治理方式带来根本性变革。

实施国家大数据战略部署和顶层设计，需要相关的政府部门做好“四个结合”：

一是把政府数据开放和市场基于数据的创新结合起来。政府拥有80%的数据资源，如果不开放，大数据战略就会成为无源之水，市场主体如果不积极利用数据资源进行商业创新，数据开放的价值就无从释放。二是把大数据与国家治理创新结合起来。国务院的部署明确提出，“将大数据作为提升政府治理能力的重要手段”，“提高社会治理的精准性和有效性”，用大数据“助力简政放权，支持从事前审批向事中事后监管转变”，“借助大数据实现政府负面清单、权力清单和责任清单的透明化管理，完善大数据监督和技术反腐体系”，并具体部署了四大重大工程：政府数据资源共享开放工程、国家大数据资源统筹发展工程、政府治理大数据工程、公共服务大数据工程。三是把大数据与现代产业体系结合起来。这里涉及农业大数据、工业大数据、新兴产业大数据等，我国的产业结构优化升级迎来难得的历史机遇。四是把大数据与大众创业、万众创新结合起来。国务院专门安排了“万众创新大数据工程”，数据将成为大众创业、万众创新的肥沃土壤，数据密集型产业将成为发展最快的产业，拥有数据优势的公司将迅速崛起。

此外，我国作为世界制造业第一大国，需要高度关注一个现实——大数据重新定义了制造业创新升级的目标和路径。无论是德国提出的工业4.0战略，还是美国通用公司提出的工业互联网理念，本质正是先进制造业和大数据技术的统一体。大数据革命骤然改变了制造业演进的轨道，加速了传统制造体系的产品、设备、流程贬值淘汰的进程。数字工厂或称智能工厂，是未来制造业转型升级的必然方向。我国面临着从“制造大国”走向“制造强国”的历史重任，在新的技术条件下如何适应变化、如何生存发展、如何参与竞争，是非常现实的挑战。

在大数据条件下，数据驱动的“精准治理体系”“智慧决策体系”“阳光权力平台”将逐渐成为现实。大数据已成为全球治理的新工具，联合国“全球脉动计划”就是用大数据对全球范围内的Twitter和Facebook的数据和文本信息进行实时分析监测和“情绪分析”，可以对疾病、动乱、种族冲突提供早期预警。在国家治理现代化进程中推动大数据应用，是我们繁重而紧迫的任务。

在政府治理方面，政府可以借助大数据实现智慧治理、数据决策、风险预警、智慧城市、智慧公安、舆情监测等。大数据将通过全息的数据呈现，使政府从“主观主义”“经验主义”的模糊治理方式，迈向“实事求是”“数据驱动”的精准治理方式。

经济治理领域也是大数据创新应用的沃土，大数据是提高经济治理质量的有效手段。互联网系统记录着每一位生产者、消费者所产生的数据，可以为每个市场主体进行“精确画像”，从而为经济治理模式带来突破。判断经济形势好坏不再仅仅依赖统计样本得来的数据，而是可以通过把海量微观主体的行为加总，推导出宏观大趋势；银行发放贷款不再受制于信息不对称，通过贷款对象的大数据特征可以很好地预测其违约的可能性；打击假冒伪劣、建设“信用中国”也不再需要消耗大量人力、物力，大数据将使危害市场秩序的行为无处遁形。

在公共服务领域，基于大数据的智能服务系统，将会极大地提升人们的生活体验，智慧医疗、智慧教育、智慧出行、智慧物流、智慧社区、智慧家居等等，人们享受的一切公共服务将在数字空间中以新的模式重新构建。

我国要从“数据大国”成为“数据强国”，借助大数据革命促进国家治理现代化，还有几个关键问题需要深入研究。例如，切实建设数据政策体系、数据立法体系、数据标准体系。以数据立法体系为例，一定要在数据开放和隐私保护之间权衡利弊，找到平衡点。

重视对“数据主权”问题的研究。借助大数据技术，美国政府和互联网、大数据领军公司紧密结合，形成“数据情报联合体”，对全球数据空间进行掌控，形成新的“数据霸权”。思科、IBM、谷歌、英特尔、苹果、甲骨文、微软、高通等公司产品几乎渗透到世界各国的政府、海关、邮政、金融、铁路、民航系统。在这种情况下，我国数据主权极易遭到侵蚀。对于我国来说，在服务器、软件、芯片、操作系统、移动终端、搜索引擎等关键领域实现本土产品替代进口产品，具有极高的战略意义，也是维护数据主权的必要条件。

“数据驱动发展”或将成为对冲当前经济下行压力的新动力。大数据是促进生产力变革的基础性力量，这包括数据成为生产要素、数据重构生产过程、数据驱动发展等。数据作为生产要素其边际成本为零，不仅不会越消耗越少，反而保持“摩尔定律”所说的指数型增长速度。这就可能给我国经济转型升级带来新动力，对冲经济下行压力。

需要建设一个高质量的“大数据与国家治理实践案例库”。国家行政学院一直重视案例库的建设，在中央的重视和支持下，就大数据促进国家治理这一主题，各部门、各地方涌现出大量创新性的实践案例，亟须进行系统梳理和总结，形成一个权威的“大数据与国家治理实践案例库”，以方便全国领导干部进行借鉴和推广。

在大数据时代，个人如何生存、企业如何竞争、政府如何提供服务、国家如何创新治理体系，都需要重新进行审视和考量。我们不能墨守成规，抱残守缺，而是要善于学习，勇于创新，按照党中央、国务院的战略部署，政府和市场两个轮子一起转，把我国建设成“数据强国”。

发达国家的大数据战略规划

美国的三轮行动

以美国为代表的发达国家在推进大数据应用上，形成从发展战略、法律框架到行动计划的完整布局。迄今为止，美国政府在大数据方面实施了三轮政策行动。

第一轮是 2012 年 3 月，白宫发布《大数据研究和发展计划》，并成立“大数据高级指导小组”，该计划有两个目标：一是用大数据技术系统改造传统国家治理手段和治理体系，二是形成新的经济增长业态和板块。美国积极利用大数据在国家战略关注领域实现突破，包括科技创新、教育体系、环境保护、工程技术、国土安全、生物医药，具体的计划涉及了美国国家科学基金会、国家卫生研究院、国防部、能源部、国防部高级研究局、地质勘探局等 6 个联邦部门和机构，并在斯坦福、伯克利等大学开设全新的大数据课程，为大数据时代储备“数据科学家”。

第二轮是 2013 年 11 月，白宫推出“数据—知识—行动”计划，进一步细化了利用大数据改造国家治理、促进前沿创新、提振经济增长的路径，这是美国向数字治国、数字经济、数字城市、数字国防转型的重要举措。美国国防部先进项目研究局、国家卫生研究院、国家科学基金会、能源部纷纷推出各自大数据创新行动。

第三轮是2014年5月，美国总统办公室提交《大数据：把握机遇，维护价值》政策报告，强调政府部门和私人部门紧密合作，利用大数据最大限度地促进增长和利益，减少风险。伴随着这些战略计划，美国政府启动“公开数据行动”，陆续公开健康、能源、气候、教育、经济、公共安全、全球发展等50个门类的政府数据，便利商业部门踊跃进行开发和创新。

欧、日、韩等步步紧跟

欧盟正在力推《数据价值链战略计划》，试图用大数据改造传统治理模式，从而大幅降低公共部门成本，促进经济增长和就业增长。2012年9月，欧盟进一步公布了《释放欧洲云计算服务潜力》战略方案，并向欧盟委员会和欧洲议会提交了《云计算发展战略及三大关键行动》建议。该战略计划通过两年时间，把欧盟打造成云计算服务的领先经济体，为2014~2020年期间欧盟“云起飞”创造基础，让大数据技术革命渗透到经济社会的各个领域。

日本积极谋划利用大数据改造国家治理体系、对冲经济下行风险。2013年6月，安倍内阁正式公布新IT战略《创建最尖端IT国家宣言》，以开放大数据为核心的IT国家战略，要把日本建设成为一个具有“世界最高水准的广泛运用信息产业技术的社会”。2020年原则上将所有政府信息系统云计算化，减少三成运行成本。日本把大数据和云计算衍生出的新兴产业群视为提振经济增长、优化国家治理的重要抓手。

韩国2011年科学技术政策研究院正式提出“大数据中心战

略”以及“构建英特尔综合数据库”。同时，韩国社会专职部门制定应对大数据时代计划。2012 年，韩国国家科学技术委员会就大数据未来发展环境发布重要战略规划。2013 年，在朴槿惠总统“创意经济”的新国家发展战略指引下，韩国未来创造科学部提出“培养大数据、云计算系统相关企业 1000 个”的国家级大数据发展计划以及《第五次国家信息化基本计划（2013～2017）》等多项大数据发展战略。

一些国际组织也十分关注大数据发展。联合国启动实施“全球脉动”项目，利用“大数据”准确预测某些地区的失业率、支出削减和疾病爆发，促进全球经济发展和公共服务管理。八国集团发布了《G8 开放数据宪章》，提出要加快推动数据开放和利用。

英国大数据战略

英国在利用大数据革命改造国家治理体系方面谋划的力度也非常之大。2013 年 10 月 31 日，英国发布《把握数据带来的机遇：英国数据能力战略》。该战略由英国商业、创新与技术部牵头编制。战略旨在促进信息经济条件下，英国在数据挖掘和价值萃取中的世界领先地位，为英国公民、企业、学术机构和公共部门创造更多收益，利用数据产生商业价值、提振经济增长。该战略从强化数据分析技术、加强国家基础设施建设、推动研究与产研合作、确保数据被安全存取和共享等几个方面做出了部署，并做出 11 项明确的行动承诺，确保战略目标真正得以落地。该战略承诺 2015 年之前开放交通、天气、医疗方面的核心数据库，并建立世界上首个“开放数据研究所”。研究显示，英国政府通过高效使用大数据技术每年可节省约 330 亿英镑行政开支，相当于英国每人每年节省约 500 英镑。

法国大数据战略

为抓住大数据发展机遇，促进本国大数据领域的发展，以便在经济社会发展中占据主动权，2013 年 2 月，法国政府发布了《数字化路线图》，宣布将投入 1. 5 亿欧元大力支持 5 项战略性高新技术，而“大数据”就是其中一项。2013 年 7 月 4 日，法国中小企业、创新和数字经济部发布了《法国政府大数据五项支持计划》，包括引进数据科学家（data scientist）教育项目；设立一个技术中心给予新兴企业各类数据库和网络文档存取权；通过为大数据设立一个全新的原始资本，促进创新；在交通、医疗卫生等纵向行业领域设立大数据旗舰项目；为大数据应用建立良好的生态环境，如在法国和欧盟层面建立用于交流的各类社会网络等。

澳大利亚大数据战略规划

2012 年 10 月，澳大利亚政府发布《澳大利亚公共服务信息与通信技术战略 2012—2015》，强调应增强政府机构的数据分析能力从而促进更好的服务传递和更科学的政策制定，并将制定一份大数据战略确定为战略执行计划之一。2013 年 2 月，澳大利亚政府信息管理办公室（AGIMO）成立了跨部门工作组——“大数据工作组”，启动了《公共服务大数据战略》（以下简称《战略》）制定工作，并于 2013 年 8 月正式对外发布。《战略》以六条“大数据原则”为指导，旨在推动公共部门利用大数据分析进行服务改革，制定更好的公共政策，保护公民隐私，使澳大利亚在该领域跻身全球领先水平。这六条大数据原则分别为：数据是一种国家资产，应被用于人民福祉；数据共享和大数据项目开发过程中严保用户隐私；数据完整和过程透明；政府部门间以及政府与产业间应共享技术、资源和能力；与产业和学术界广泛合作；加强政府数据开放。《战略》还决定成立数据分析卓越中心(DACoE)，该中心将通过构建一个通用的能力框架帮助政府部门获得数据分析能力，并促成政府与第三方机构合作以培养分析技术专家。《战略》列举了2014年7月前需完成的6项大数据行动计划，分别为：制定信息资产登记簿；跟踪大数据分析的技术发展；制定大数据最佳实践指南；总结明确大数据分析面临的各种障碍；强化大数据分析的相关技术和经验；制定数据分析指南。具体工作将由大数据工作组与数据分析卓越中心共同协作完成。

发达国家大数据政策比较

比较上述各国的大数据战略规划，其目的基本相同，均旨在通过国家性战略规划推动本国大数据技术研发、产业发展和相关行业的推广应用，确保本国在大数据时代的领先地位。

这些战略规划均具有明确的行动计划和重点扶持项目。例如，美国大数据战略明确阐明了政府拟重点发展的领域和相关项目，特别指明了相应的资金支持；法国为本国的大数据发展制定了五步骤的支持项目；澳大利亚更具体地列举了一年内的大数据行动计划和具体时间节点；英国更具体规定了11项政府将采取的行动承诺。各国的大数据战略规划中都指定了明确的管理机构和执行机构：美国由白宫科技和技术政策办公室牵头建立了大数据高级监督组，通过协调和扩大政府对大数据的投资，提供合作机遇，促进核心技术研发和劳动力发展等工作，促进大数据战略目标的实现；澳大利亚设立跨部门大数据工作组负责战略落地，同时配备专门的支撑机构从技术、研究等角度确保对大数据工作组支撑；英国战略分别针对技术能力、基础设施和软硬件建设、推进合作、数据开放与共享等角度指定具体的负责机构，同时，由信息经济委员会负责根据战略进一步制定具体战略实施路径。

各国大数据战略规划的推动路径略有差异。美国重在“以点带面”，通过公布重要部门的大数据项目规划和扶持重要领域的大数据技术研发，进一步带动其他部门和社会各界对大数据技术的研发和推广应用。澳大利亚重在“方法指导”，通过设定大数据原则指导各部门正确应用大数据。英国和法国强调政府“铺路打基础”的作用，阐明政府在人才培养、基础设施建设、资金扶持、项目规划、合作环境搭建中的基础保障作用。

各国推进大数据战略的机构不同。美国、澳大利亚的大数据战略主要由相关的科技部门负责。而英国和法国的大数据战略机构都是与经济发展相关的部门，其制定大数据战略旨在充分挖掘大数据对生产、经济发展的重要作用。

这些大数据先行国家十分重视政府在推动大数据技术创新、能力储备中的政策扶持作用，其国内相关部门和地方也先行颁布政策进行技术储备，这些政策分别从基础研究、关键技术研发、产业扶持、人才培养、资金保障等角度为相关产业、研究机构提供技术创新环境。

（一）基础研究与关键技术研发

在大数据应用的技术需求牵引下，数据科学研究显得越发重要。例如，美国大数据战略确立了国家科学基金会在基础研究中的核心地位。为促进基础研究，美国国家科学基金会向美国加州大学伯克利分校资助一千万美元帮助他们研究如何整合机器学习、云计算、众包（crowd sourcing）三大技术，以便将信息转化为数据；提供对地球研究、生物研究等基础性研究项目的拨款等。在关键技术研发方面，联邦部门大数据项目详细部署了国防、民生、社会科学等领域的核心关键技术研发。英国大数据研究扶持与技术研发政策包含在《英国数据能力战略》中，重在体现对高校、研究机构的资金扶持和合作平台搭建。

在国内来看，国家发改委将数据分析软件开发和服务列入专项指南，科技部2013年“国家重点基础研究发展计划（973计划)”中已经将智能感知、社交网络分析、互联网言语信息处理等大数据技术列入资助范围，《上海推进大数据研究与发展三年行动计划》《重庆市大数据行动计划》均对基础研究和关键技术研发进行了详细部署。

（二）人才培养

随着大数据产业的发展，人才问题将变得越来越紧迫。Gartner的报告指出，2015年全球大数据人才需求将到440万人，但仅有三分之一的需求能够得到满足。当前，人才培养已被各国政府纳入推进大数据发展的重要议程中。

美国《大数据研究与发展计划》的一个重要目标是“扩大从事大数据技术开发和应用的人员数量”。通过国家科学基金会，鼓励研究性大学设立跨学科的学位项目，为培养下一代数据科学家和工程师做准备，设立培训基金支持对大学生进行相关技术培训，召集各个学科的研究人员共同探讨大数据如何改变教育和学习等。《英国数据能力战略》对人才的培养做出了专项部署，包括在初、中等教育中加强数据和计算机课程学习；全面评估当前大学各学科所教授的数据分析技能是否需要进一步完善并实现跨学科交流；通过奖学金、项目资助的形式支持高校培养满足当前和未来数据分析需求的人才；政府与相关专业机构一起强化数据科学这门学科，勾画数据分析行业不同的发展道路，鼓励更多人将数据分析作为事业来追求。澳大利亚《公共服务大数据战略》强化政府部门与大专院校合作培养分析技术专家，同时计划将各类大数据分析技术纳入现行教育课程中，强化人才储备。法国《政府大数据五项支持计划》中第一步计划便是引进数据科学家教育项目。

目前，上海、重庆大数据行动计划也从鼓励高等院校和企业合作、高校课程设置、高层次人才引进、专业培训等方面强化数据科学人才培养工作。

（三）产业扶持

真正实现大数据对经济社会的价值贡献，离不开对大数据相关产业的扶持。

在产业扶持方面，《英国数据能力战略》指出英国政府将通过多种途径为大数据产业提供扶持，在资金支持方面，英国政府将为本国公司与有关组织提供更多机遇和便利，以获取欧盟研究与创新资金——展望 2020（Horizon 2020）的资金支持，同时将各类大数据分析中心纳入“英国资本投资战略框架”中，促进大数据分析技术的研发与产业应用。在产学研结合方面，英国还通过建立研究成果展现门户、搭建多种合作交流平台等方式，促进产业与各类研究、学术机构之间的合作和成果转化。在国内，上海、重庆等地的大数据行动计划均强化对大数据产业的培育和扶持。《上海推进大数据研究与发展三年行动计划》中强调营造和完善大数据技术和产业发展所需的政策环境、融资环境、创业环境和公共服务体系，支持6类以上大数据商业应用系统的研制，培育一批带动本地数据产业发展的行业龙头企业，成立“上海大数据产业技术创新战略联盟”等等。《重庆市大数据行动计划》将加快大数据产业发展作为首要任务，拟完善大数据生态产业链并建设大数据产业基地；同时，加大对市级大数据重点项目在项目核准、财税优惠、用地保障、电力保障等方面的支持力度。

（四）资金保障

明确具体资金保障是国外大数据政策的一大亮点。继美国宣布投资两亿多美元促进大数据研发后，英国、法国也相继宣布政府对大数据的投资。2013 年 1 月，英国财政部明确将投入 1.89 亿英镑用于大数据和节能计算技术的研发，旨在提升地球观测和医学等领域的大数据分析能力。同年 4 月，英国经济和社会研究委员会又宣布将新增 6400 万英镑用于大数据研发，其中 3400 万英镑将用来建立“行政数据研究网络”，用于汇聚政府部门和机构所收集的行政数据，促进发挥政府数据对科学研究、政策制定和执行的作用。法国政府宣布将在 2013 年投入 1150 万欧元，用于 7 个大数据市场研发项目，旨在通过试点探索，促进法国大数据发展。重庆市大数据行动计划中拟设立重庆市大数据产业发展专项资金，优先对重点项目给予资金支持。上述国家和城市对大数据的投资，体现出一定的共性特征：一是投资领域均是关乎国家竞争力和全民生活福祉的重要领域，这些领域仅凭市场资本无法推动；二是强化投资的核心目的是提高关键领域的大数据技术能力，这是技术得以市场化应用的基础前提。

（五）各国技术能力储备政策比较

在大数据技术能力储备方面，各国均有侧重点。从纵向政策要点来看，注重人才培养、产业扶持、资金保障是多数国家的共识，这三方面正是政府为产业发展构建良性生态环境的政策落脚点。从横向国家来看，美国、英国国家层面配套技术能力储备政策较为完善，这也是两国引领大数据前沿的主要原因之一。

第三章　大数据时代政府治理面临的挑战

1. 什么是大数据思维

大数据带来的思维变革

大数据确实带给我们一个迥然不同的世界。正如上面所说的，如果没有对大数据的深刻理解，从而去充分地运用它，那么大数据只能是一座沉睡的宝库。大数据思维是一个什么样的思维？大数据之前的“小数据时代”，就没有数据思维吗？有。

有一个有趣的例子，1948 年辽沈战役期间，司令员林彪要求每天要进行例常的“每日军情汇报”，由值班参谋读出下属各个纵队、师、团用电台报告的当日战况和缴获情况。那几乎是重复着千篇一律枯燥无味的数据：每支部队歼敌多少、俘虏多少；缴获的火炮、车辆多少，枪支、物资多少……有一天，参谋照例汇报当日的战况，林彪突然打断他：“刚才念的在胡家窝棚那个战斗的缴获，你们听到了吗?”大家都很茫然，因为如此战斗每天都有几十起，不都是差不多一模一样的枯燥数字吗？林彪扫视一周，见无人回答，便接连问了三句：“为什么那里缴获的短枪与长枪的比例比其他战斗略高?”“为什么那里缴获和击毁的小车与大车的比例比其他战斗略高?”“为什么在那里俘虏和击毙的军官与士兵的比例比其他战斗略高?”林彪大步走向挂满军用地图的墙壁，指着地图上的那个点说：“我猜想，不，我断定，敌人的指挥所就在这里!”果然，部队很快就抓住了敌方的指挥官廖耀湘，并取得这场重要战役的胜利。

这个事例反映出什么样的精神呢？反映出的是一种善于挖掘、捕捉数据价值的精神。有了这种精神，就会让数据生发出难以预估的价值。

“互联网思维”这个词曾经在中国特别火，但在美国火爆的程度要差一些，这是什么原因？有人认为，这是因为互联网思维更契合传统东方思维方式。东方文化强调智慧，而西方更强调知识。智慧来源于经验，而知识来源于数据。举个例子，《三国演义》中人们所熟知的诸葛亮和司马懿，就是用智慧 PK 知识的一对典型代表。司马懿是诸葛亮的最大对手，他可以说是古人中具有“大数据思维”的代表人物。魏蜀军对决，诸葛亮遣使求战，司马懿问使者：“诸葛公起居饮食如何，一顿能吃多少米?”使者说：“三四升。”然后对问政事，使者说：“打二十军棍以上的处罚，都是诸葛公自己阅批。”经过一番不经意的询问，司马懿对手下说：“诸葛亮将要死了。”果然，诸葛亮不久即病故军中。司马懿从诸葛亮几点睡觉、每天吃几碗饭等数据信息中，判断诸葛亮命不久矣，战略目光可谓长远；而诸葛亮则凭借经验，根据司马懿的性格、处事风格判断出司马懿胆子小，不敢进入空城，从而计胜一筹。

总的来说，东西方这两种思维方式各有其偏重，在解决问题时也各有其优势。这两种思维予以恰当地综合运用，将有助于更完美地解决问题。知识是死的，智慧是活的；大数据是死的，人是活的。掌握丰富的知识，有助于形成良好的战术，而充分运用智慧，有助于形成优秀的战略。

信息社会所带来的好处是显而易见的：每个人口袋里都揣有一部手机，每台办公桌上都放有一台电脑，每间办公室都拥有一个大型局域网。但是，信息本身的用处却往往还处在“沉睡”状态，它的价值往往被忽视，或缺乏有效和充分的挖掘。大数据恰恰就是要对信息的分析和挖掘升维，它不仅仅是新的技术，同样重要的是，它意味着新的思维。

在业已到来的数字化时代，人们不再认为数据是静止和陈旧的。以往，一旦收集数据的工作完成，数据就会被认为已经没有用处。比方说，在飞机降落之后，机票的票价数据就没有用了。再例如，对于百度而言，用户向网站发送对某一个关键词的检索指令，并搜索到需要的结果后，相关环节产生的数据就没有用了。但现在的数据已经成为一种资源，可以创造新的价值。例如在生产领域，一旦思维转变过来，数据就能被巧妙地用来激发新产品和新型服务。

半个世纪以来，随着计算设计技术全面融入社会生活，信息爆炸已经积累到了一个开始引发变革的程度。它不仅使世界充斥着比以往更多的信息，而且其增长速度也在加快。信息总量的变化还导致了信息形态的变化——量变引起质变。最先经历信息爆炸的学科，如天文学和基因学，创造出了“大数据”这个概念。如今，大数据概念几乎应用到了所有人类致力于发展的领域中。

大数据并非一个确切的概念。最初，这个概念是指需要处理的信息量过大，已经超过了一般电脑在处理数据时所能使用的内存量，因此工程师们必须改进处理数据的工具。这导致了新的处理技术的诞生，例如谷歌的 Map Reduce 和开源 Hadoop 平台（最初源于雅虎）。这些技术使得人们可以处理的数据量大大增加。更重要的是，这些数据不再需要用传统的数据库表格来着衡器的排列——一些可以消除僵化的层次结构和一致性的技术也出现了。同时，因为互联网公司可以收集大量有价值的数据，而且有利用这些数据的强烈的利益驱动力，所以互联网公司顺理成章地成为了最新处理技术的领头实践者。它们甚至超过了很多有几十年经验的线下公司，成为新技术的领衔使用者。

大数据是人们在大规模数据的基础上可以做到的事情，而这些事情在小规模数据的基础上是无法完成的。大数据是人们获得新的认知、创造新的价值的源泉；大数据还是改变市场、组织结构，以及政府与民众关系的方法。

什么是大数据思维

有“大数据之父”之称的学者维克托·迈尔·舍恩伯格[①]指出，大数据时代，人们对待数据的思维方式会发生如下三个明显的变化：

第一，人们处理的数据从样本数据变成全部数据；

第二，由于是全样本数据，人们不得不接受数据的混杂性，而放弃对精确性的追求；

---

① 维克托·迈尔·舍恩伯格（Viktor Mayer-Schönberger）英国人，最早洞见大数据时代发展趋势的数据科学家之一，著有《大数据：生存方式革命》（Big Data：A Revolution that Will Transform How We Live，Work，and Think）。

第三，人类通过对大数据的处理，放弃对因果关系的渴求，转而关注相关关系。

舍恩伯格所指出的这三个变化，在言及大数据思维的时候被屡屡引用，几成经典。事实上，大数据时代带给人们的思维方式的深刻转变远不止上述三个方面。可以这样说，大数据思维最关键的转变在于从自然思维转向智能思维，使得大数据像具有生命力一样，获得类似于“人脑”的智能，甚至智慧。我们可以从四个方面来进一步探讨大数据思维的内涵。

1. **“总体性”思维**

在传统技术条件下的社会科学研究中，往往把抽样、采样作为主要数据获取手段，这主要是受到技术条件的限制，人们无法获得总体数据信息，而基于成本等方面的原因，只好从大量个体中选取具有代表性样本的方法来研究事物的全貌。

抽样是一种以少数反映、概括多数的方法，在传统时代是一种最经济、最有效的方法，但往往也可能遗漏极为重要的讯息，它给人们带来的对事物的认识，只能是一个大体的判断。大数据不同，它直接给人们带来事物最原始、最真实的样貌。

在大数据时代，人们可以空前地获取与研究对象相关的极为全面的甚至是所有的数据，而不再依赖于采样这种方式。可以说，大数据给人们带来了对一个事物的更全面的认识，可以更清楚地反映出以往无法揭示的细节信息。

正如舍恩伯格所总结的：“我们总是习惯把统计抽样看作文明得以建立的牢固基石，就如同几何学定理和万有引力定律一样。但是，统计抽样其实只是为了在技术受限的特定时期，解决当时存在的一些特定问题而产生的，其历史不足一百年。如今，技术环境已经有了很大的改善。在大数据时代进行抽样分析就像是在汽车时代骑马一样。在某些特定的情况下，我们依然可以使用样本分析法，但这不再是我们分析数据的主要方式。”

也就是说，在大数据时代，随着数据收集、存储、分析技术的突破性发展，我们可以更加方便、快捷、动态地获得研究对象有关的所有数据，而不再因诸多限制不得不采用样本研究方法，相应地，思维方式也应该从“样本思维”转向“总体思维”，更加全面、立体、系统地认识某类社会现象的全貌。

2. “容错”思维

在传统的“小数据”时代，不但抽取样本的方法带来的数据量、信息量较少，而且，这些数据多是结构化的。例如以往曾流行一时的社会调查、市场调查问卷上印的往往是单选或多选题，这样的调查结构适合用传统的方法进行统计、分析，因此就必须十分注重精确思维。这时最常见的一种做法是，剔除那些影响统计的、“不合规范”的问卷或数据。

但在大数据时代，由于信息技术的革命，IT 技术的飞速发展，大量的非结构化、异构化的数据产生出来，并且可以储存下来，进行分析、解读。这一方面既大大提升了人们从数据中所能获取的信息、知识，并能由此产生更深刻全面的洞见，另一方面人们很有必要改变以往传统的精确思维。

舍恩伯格指出：“执迷于精确性是信息缺乏时代和模拟时代的产物。只有 5% 的数据是结构化且能适用于传统数据库的。如果不接受混乱，剩下 95% 的非结构化数据都无法利用，只有接受数据的不精确性，我们才能打开一扇从未涉足的世界的窗户。”

也就是说，在大数据时代，思维方式要从精确思维转向容错思维。当你拥有海量的即时数据时，这时就不应该把绝对的精准继续作为追求的主要目标。适当忽略微观层面上的精确度，容许在数据中出现一定程度的错误与混杂，反而有助于在宏观的层面对事物进行更精准的把握。

3. **“相关性”思维**

在小数据世界中，人们往往执着于现象背后的因果关系，试图通过有限样本数据来剖析其中的内在机理。但小数据的一个缺陷就是，其有限的样本数据远远无法反映出事物的真实面貌以及事物之间的相关关系。

而在大数据时代，人们可以通过新的 IT 技术挖掘出事物之间隐蔽的相关关系，获得更多的认知与洞见，运用这些认知与洞见就可以帮助我们捕捉现在和预测未来。可以说，建立在相关关系分析基础上的预测正是大数据的核心议题。

通过关注线性的相关关系，以及复杂的非线性相关关系，可以帮助人们看到很多以前不曾注意的联系，还可以掌握以前无法理解的复杂技术和社会动态，相关关系甚至可以超越因果关系，成为人们了解这个世界的更好视角。

舍恩伯格指出：大数据的出现让人们放弃了对因果关系的渴求，转而关注相关关系，人们只需知道“是什么”，而不用知道“为什么”。我们不必非得知道事物或现象背后的复杂深层原因，而只需要通过大数据分析获知“是什么”就意义非凡，这会给我们提供非常新颖且有价值的观点、信息和知识。

也就是说，在大数据时代，思维方式要从因果思维转向相关思维，努力颠覆千百年来人类形成的传统思维模式和固有偏见，才能更好地分享大数据带来的深刻洞见。

4. **“智能化”思维**

自工业革命以来，社会化大生产一直以减少人力劳力，提高生率效率为目的，不断提高机器的自动化、智能化水平则始终是人类社会长期不懈努力的方向。

目前，计算机的普及应用极大地推动了工业自动控制、人工智能和机器学习等新技术的发展，“机器人”研发也取得了突飞猛进的成果并开始在企业中大规模应用。可以说，自进入到信息社会以来，人类社会的生产自动化、智能化水平已得到明显提升。但是，目前在工业生产中仍然面临着一些瓶颈而无法取得突破性进展。例如，机器的“思维”方式仍属于线性、简单、物理、机械的自然思维，“智能”水平还不尽如人意。

大数据时代的到来可以为提升机器智能带来巨大的潜力，将有效推进机器思维方式由自然思维转向智能思维，这才是大数据思维在工业生产中应用的关键所在和核心内容。

从某种程度上说，人脑之所以具有计算机所无法替代的智能、智慧，就在于它能够对周遭的数据信息进行全面收集、逻辑判断和归纳总结，从而获得有关事物或现象的认识与见解。可以说，人脑本身就是一个“大数据”处理中心。而在大数据时代，随着物联网、云计算技术革命性突破，大数据系统也能够自动地搜索所有相关的数据信息，并像“人脑”一样主动、立体、逻辑地分析数据、做出判断、提供洞见。从这个意义上说，基于大数据分析的计算设备也就具有了类似于人类的智能思维能力和预测未来的能力。

“智能、智慧”是大数据时代的显著特征，大数据在推动着自然思维向智能思维的转变，不断提升机器或系统的社会计算能力和智能化水平，从而获得具有洞察力和新价值的东西，甚至类似于人类的“智慧”。

舍恩伯格指出，“大数据开启了一个重大的时代转型。就像望远镜让我们感受宇宙，显微镜让我们能够观测到微生物一样，大数据正在改变我们的生活以及理解世界的方式，成为新发明和新服务的源泉，而更多的改变正蓄势待发。”

大数据时代将带来深刻的思维转变，不仅将改变每个人的日常生活和工作方式，改变商业组织和社会组织的运行方式，而且将从根本上奠定国家和社会治理的基础数据，彻底改变长期以来国家与社会诸多领域存在的“不可治理”状况，使得国家和社会治理更加透明、有效和智慧。

五个用好大数据的建议

建议一：要区分清楚“森林”和“树”

很多企业、事业单位、政府部门都倾向于收集精度较高的数据，因为获得的数据越精确，就越有利于分析其服务对象的特征。对于企业来说，更有利于进行其未来市场战略和产品的调整；对于政府而言，能更精准地掌握民情民心。但人们往往发现，虽然花费了大量的时间去处理大量的数据，结果却有可能不尽如人意，原因在于，在进行数据分析处理时，有时候没有必要执着于某一棵“树”长成什么样子，而应该注重这片“森林”，要懂得舍小取大。

建议二：目标要明确

只有真正懂得如何利用大数据，充分了解到利用大数据可以达到什么目标，最终才有可能从大数据中获取真正的价值。无论是政府领导者还是企业家应时刻保持头脑清醒，朝着自己定好的目标前进。

建议三：做好团队的协调

在大数据的世界里，最有价值、最能发挥作用的数据往往并不是直观地呈现在眼前，必须依赖团队的合作，群策群力。为了找到这些有价值的数据，无论是政府机构还是企业，都应该建立起有效的团队，在内部通力协作，经常保持有效的沟通和协作。

建议四：用机器代替人工

机器学习指计算机模拟或实现人类的学习行为，机器学习相比人工学习速度更快，学习规模也更大。一个公司能通过机器学习较快地发现新的问题。比如，为了研究特定消费者的消费行为模式，企业可以研究用什么样的方式对单个消费者进行研究分析，依据不同的消费者选择不同的模型，进而对消费者行为进行追踪研究。公司认为，在单个消费者身上所需的分析时间是 10 分钟，按照这个速度，公司共有 260 万消费者需要调查追踪，需要 416000 个分析员，每天工作 10 小时，每天观察单个消费者 8 次，才能得出结果。显然，如果真通过人工分析，那就需要花费太多的时间和精力了。

建议五：要避免得出错误的结果

由于人为主观因素和不相关数据的干扰，有时候决策者在面对一个具体问题时，即使运用了大数据，得出的结论也往往可能是错误的。数据选择上的错误会影响人们解决问题的过程，也会影响人们如何看待这些数据和结果。

2. 大数据与政府决策

心中有“数”的大数据决策

中山大学公共管理学院郭巍青教授正准备参加广州城市交通治理的一个讨论会——讨论广州要不要“限制外来车辆”。

围绕“限外”，广州市已经有很多争论。“北京、上海都限制了，广州也想限制。”郭巍青说，“但也有人说，广州的问题不是外地车辆造成的。限与不限，讨论都缺乏依据。政府自然面临被‘拍砖’，对造成拥堵的原因及背后的规律都缺乏科学的数据支撑。如果我有历年的相关数据，就有说服力了。”郭巍青所面对的这个问题，也许在不久的将来就能得到解决，广东已经在全国率先启动了大数据战略，他说：“过去讲决策要‘心中有数’，那时社会关系简单。在信息大爆炸的社会里，数据分析能为决策提供依据，并使得管理过程透明且有据可依、有迹可循。”

2013 年的广东省政府常务会议提出，到 2015 年力争信息化水平达到中等发达国家水平，到 2020 年，迈进世界先进水平，基本建成“智慧广东”。实际上，这已经不是广东的第一次战略部署。此前的 2012 年 12 月，广东省宣布在全国率先启动大数据战略，相关部门起草了一份《广东省实施大数据战略工作方案》，提交省政府批准。

据广东省经信委介绍，广东大数据战略将坚持以“开放共享”推动大数据应用，以“开放应用”带动大数据在国内发展，再试图通过大数据的发展来促进社会创新，为“智慧广东”建设助力。在报批的方案中，广东省政府准备在财政、环保、招投标等领域率先开展数据公开试点，通过互联网等形式开放数据。广东省财政厅厅长曾志权曾表态："尝试率先公开部分专项资金安排、使用等方面的情况。"

作为第三方评价机构，华南理工大学政府绩效评价中心曾参与过广东省多项财政专项资金的绩效评价项目，该中心主任郑方辉介绍说："专项资金的绩效评价提供了一个使用资金量化的平台，评价建立在数据采集、调查、专业化归类、分析等基础环节上，这也就形成了一个数据库。如义务教育专项资金绩效评价，要对全省两万多所学校进行数据采集。怎么采集，采集什么数据，有一套专业的指标体系和采集系统。"据他了解，过去的两年间，广东省在网上公布了11项专项资金的绩效评价报告。这些报告里就包含加工后的数据内容。财政专项资金绩效评价，可以说是广东推进大数据战略的一个样本。

其实，对"数据治理"的设想不胜枚举，比如，防止社保资金的随意支付，财政转移支付中的核对与确认，利用电力数据分析房屋空置率，通过红绿灯以及摄像头拍摄记录的数据来分析交通拥堵的原因是什么，等等。在研究机构方面，目前中山大学正在建设"超级计算中心"以辅助推进广东大数据发展。"通过大数据应用，一是让政府职能更好地得到履行，服务社会。二是政府公开的数据将为企业和个人创造价值。三是政府的行政管理变得更加有效，决策变得更加准确。四是政府公信力因为出色的服务、高效率的运转和正确的决策，赢得社会的普遍认可，从而公信力大大提升。"郭巍青分析说。

决策科学化的牵引

在上海交通综合信息平台的监控室内，工作人员现场演示，某地段若发生交通事故，监控平台的大屏幕将在 3 分钟内自动发出警报，点击进入，就可以得到即时街景，交管部门可以根据事故情况采取相应处理措施。此外哪个地段拥堵、所有运送危险物品车辆的位置、接到哪个小区居民的 110 报警等关键信息，也能实时反映在大屏幕上。

这一平台还集成了道路传感系统、出租车 GPS 系统、居民手机信号迁移、实时视频采集等多系统信息，海量的数据汇聚而来并得到迅速整合，用以分析交通状况，大大提高了管理的准确性和时效性。不仅如此，根据长时间的数据分析，各个地段拥堵状况和原因也一目了然，对下一步的交通基础设施建设也将提供有力的决策支撑。

通过数据整合和运用提高管理能力，已经成为目前世界各发达国家的通用做法。在西班牙首都马德里，数据整合促进了警察、消防、医疗系统联动，使救援时间大幅度缩短；在新加坡，智能交通综合信息管理平台在预测交通流速和流量方面有高达 85% 的准确率。

信息技术管理专家、《大数据》一书作者涂子沛认为，随着信息存贮量的增多，人类在实践中逐渐认识到，通过数据的开放、整合和分析，能发现新的知识、创造新的价值。

北京一家信息公司曾经基于国家经济户籍库，分析研究相关数据，发现 1990 年至 2011 年我国财政收入与企业注册资本之间的关系呈高度线性相关，这就是说，放开企业注册，可以大大增加政府财政收入，这就为宏观经济决策提供了极富价值的参考。

专家表示，大数据带来的不仅是技术变革，更是一场社会变革。很大程度上，大数据就是政府治理现代化的一条技术路径，具有催生管理革命的效果，也必将给政府职能转变和机构改革带来新气象。

在芜湖市“一站通”平台上，记者随机点开一名老人的医疗救助申请信息，系统显示镜湖新城公共服务中心一名工作人员受理该申请，在上传附件后该任务进入海南渡社区进行公示，公示完毕后将公示文件上传附件再进入中心（街道）审核。审核加盖电子公章后进入镜湖区民政局审批，由民政局电子盖章后再回传到最初受理的窗口。每个流程和所处的状态清晰可见。

“信息公开对政府良好运行非常重要，因为信息不对称会使权力失去监督，滋生不良作风，甚至腐败行为。”芜湖市弋江区委副书记王永辉表示，当所有信息都能够在一个系统平台内查询到时，就等于将各个环节的权力进行公开，能够有效地规范权力运行。基于大数据的信息公开，让权力在阳光下运行，是政府进一步依法行政的助推剂。

前不久，山东省烟台市审计局首次运用大数据分析平台捕获“某医院医保基金报销拨付人员孙某重复打印医疗发票贪污医保基金”线索。此线索被查实后，孙某因贪污 58851.2 元医保基金被判处有期徒刑 5 年。

烟台市审计局自 2011 年正式启动建设“财政资金跟踪审计数据分析平台”以来，已相继建成财政、地税、社保、公积金等方面的数据分析平台，涵盖财政预决算、社保五险、非税收入、税款征收、住房公积金等 10 多个方面，构建起数百个审计分析模型，并完成数据采集入库和审计方法体系建立工作，审计人员利用“大数据”平台就可掌握市直预算单位财政资金来龙去脉，准确快速发现违法违规问题。

浙江省政府办公厅电子政务处处长姜楚江认为，政府利用大数据提高自身管理水平，这就意味着更多的信息会向社会公开，更多政府掌握的数据会向社会开放，公众在获得更多信息和知情权的同时，也能更好地监督政府行为。

3. 大数据时代政府治理面临的挑战

大数据时代的新挑战

新生事物的发展和变迁，往往在给社会带来福音的同时，不可避免地也会伴随着新问题的产生。大数据时代，政府在获得数据"红利"的同时，也将面临海量数据爆炸所带来的个人隐私、数据安全等技术难题，面临公共数据的有用性不足、公众参与的有效性不够、业务数据驱动力不足等所带来的深层次社会问题，如何有效应对这些问题将是大数据时代政府治理所面临的新挑战。

（一）公众参与的"悖论"

无序参与过度和创新参与无力是政府进入大数据时代面临的公众参与"悖论"。随着社交网络、移动互联网、智能终端等的普及成熟，公众表达诉求和参与社会公共治理的渠道更为多元、更加便捷，公众个人意愿和诉求的表达无限自由，"自由爆炸"导致社会无序"参与过度"。另外，公众利用海量数据开发新应用、创新新技术等实践少之又少，国内的公众创新无力与美国、新加坡等国通过公众参与提升社会创造力和创新力相比，有着极大的差距。政府如何引导公众增强创新参与，减少无序参与是大数据时代面临的一个挑战。

（二）数据治理的瓶颈

数据治理既有技术难题，也有管理难题，难题解决的根本却在于后者。一般来说，数据治理主要表现在数据碎片、数据割据和数据孤岛三个方面。从政府角度来看，政府部门所产生的资料多数为文本信息，有调查显示，虽然政府部门多年来积累了丰富的数据资产，但利用频率和效率低，这些文件即使以“电子化”手段保存，也只有散着的数据碎片，缺乏统一的标准使其“格式化”。电子政务经过多年的发展，虽然建成了纵横向业务系统，但建设时期、建设主体、业务领域等的不同导致业务数据标准格式不统一，系统异构、数据异构导致政府在数据治理过程中面临着数据割据。政府部门条形化、层级化衍生出数据保护主义，在数据时代有增无减，很可能由“信息孤岛”走向“数据孤岛”。

（三）可用数据匮乏的“尴尬”

在数据大爆炸的时代，政府、研究机构、企业和公众却总是存在着数据不足的感觉，想用的、能用的数据无处可寻，可用的、可信的数据极端匮乏，正是这种“优质”数据缺乏的现状影响制约着社会数据意识的形成、政府业务的应用和数据产业链的形成。因此，在大数据时代初期，将存在“无用”数据爆炸与“可用”数据短缺的并存现象，折射出的是制度尴尬——政府在数据战略、数据开放等方面的制度缺位。

（四）数据开放的权衡

大数据时代，数据开放程度不够首当其冲地成为政府面临的第一难题。政府数据作为国家核心资产，对社会经济、政治和安全都有着决定性作用，仅当季的 CPI 就可以对金融、建筑等多个行业带来较大的影响。公共数据的开放带来的将是怎样的震动是可以想像的。数据开放不是无条件的，政府要权衡数据开放和个人隐私保护、权衡数据开放时间和开放程度、权衡满足社会数据开放需要和保护国家安全等多个方面，然后找到均衡点。如何均衡各方数据需要是大数据时代政府面临的一大挑战与难题。

（五）"被质疑"的政府公信力

大数据时代，社交网络的发展使得信息更加难以控制。政府信息引导的"正能量"让位于网络谣言的"负能量"，出现了经济学里所说的"劣币"驱逐"良币"现象，最根本的原因在于政府公信力"被质疑"了，这种质疑在社交媒体的助力下，呈现一个又一个的"多米诺效应"，一个很小的与政府或者社会有关的负面消息就可以带来系列的连锁反应，进而造成不可想象的恐慌、灾难等负面影响。

（六）数据驱动力不足

政府接收的数据量之巨，令人难以置信，掣肘于意识、制度和技术等多个原因，政府的海量数据多处于"休眠"状态，真正用于提升业务效率、改变业务流程、变革业务发展的应用并不多。目前，政府部门以数据分析作为决策支撑并没有形成气候，将数据分析作为核心竞争力的更是屈指可数。在挖掘信息系统价值方面，数据分析也受制于管理体制和职能的制约，以及长期传统管理积累的习惯，业务驱动力不足，绩效考核不配套。政府部门对大数据可能产生的价值，以及如何利用数据分析实现政府的科学决策依然有相当长的距离要走。

每个人的数据都要安全

三天两头接到电话问是否买房，新车还没到手就被各大保险公司“精确锁定”，打来电话的骗子不仅能叫出自己姓名，甚至连家庭成员信息都了如指掌……近年来，个人信息安全问题屡屡成为公众关注焦点。因此，公众不免担忧，随着越来越多的数据被开放，个人隐私和公共安全如何保障？

事实上，海量数据带来“红利”的同时，数据保存和防止破坏、丢失也正面临着新的技术难题。“大数据挖掘分析得越精准、应用领域越广阔，个人隐私和数据安全保护就会变得越紧迫。”最高人民法院中国应用法学研究所所长孙佑海说，我国个人信息保护、数据跨境流动等方面的法律法规尚不健全，不仅制约了大数据行业发展，也为信息安全埋下了隐患。

专家指出，从国家层面，数据作为一种重要的战略资源，无论是个人拥有还是国家拥有，都要纳入到主权范围来考虑，政府部门要强化“数据主权”意识。

武汉大学计算机学院院长胡瑞敏指出，我国目前已在660多个城市投入3200亿元建成了五级安防监控网络，摄像头总数超过2000万个。但绝大部分的涉案数据处理工作仍靠人工完成，每天产生的PB量级监控数据90%无法得到利用，同时存在泄露公民个人隐私的风险。

针对大数据带来的安全挑战，受访专家普遍表示，国家在实现大数据政务转型中，要坚持自主创新、安全可控战略。胡瑞敏说，一些地方政府使用的信息分析处理软件多是来自国外厂商，有的高端传感器及仪器仪表过分依赖进口，加上大型云服务商往往在全世界各地都建有数据中心，用户数据将在不同国家间进行传输处理，这种跨域性的服务将造成适用数据管辖权的混乱，这些隐患亟待引起重视。

专家表示，我们应出台相应法律法规，明确每个人产生数据的所有权。要建立健全由数据使用者承担保护公民隐私责任的数据安全管理规则体系，同时防止大数据成为不透明、不可追踪的“暗箱”。

最后，要防止单一企业数据垄断，妨碍市场竞争。规范数据交易行为，倡导有偿购买、授权和协同合作等方式，打造平等、开放的企业竞争平台，营造活跃、有序的市场环境，推动大数据产业健康有序发展。

4. 数据割裂和垄断

数据开放共享的主要问题

买一套房需要填报十几张表格，每张表三分之一以上填的是重复的基础信息，这些都是政府拥有的基础数据，为什么不能根据身份证号码自动生成?

“北漂”小伙为了办护照，返乡 6 次，补了 5 张证明，包括无犯罪证明、公司在职证明、公司营业执照、公司外派人员资格证明、本地身份证，跑了 3000 多公里。且不说这些证明有无必要，即便真的需要，为什么不能通过综合数据联网，让政府部门从内部调取相关材料，而不是让老百姓急断肠、跑断腿?

大数据应用是社会服务管理信息化建设的重要组成部分，这其中各部门数据资源协同共享、业务系统互联互通则是关键和难点。当前一些部门存在的“数据小农意识”，导致产生一个个信息孤岛，不仅让百姓深受其苦，也让政府自身的社会治理水平受到制约。

最近几年，一些大中城市每逢夏天就会饱受内涝之苦。以北京“721”特大暴雨灾害为例。北京航空航天大学教授吕卫锋表示，事实上城市的卫星数据、气象资料、通讯信息、摄像头等数据资源已经足够充分，当时如果能充分利用这些资源，有更好的信息沟通、共享机制，就能充分预警并在第一时间协调救灾资源，减少灾害损失。

目前阻碍推行大数据技术的藩篱，主要是部门利益割据。芜湖市政府信息办副主任、总工程师承孝敏指出，芜湖建立“一站通”平台的基础，就是各个部门的信息数据交换和共享。过去各个部门也搞信息化建设，但大都是为信息化而信息化，对实际应用考虑不够多，只是完成一个项目而已。结果是数据库虽然建成了，可大部分工作人员并不了解自己所在单位到底有哪些数据、如何应用。

“单位内部信息共享不畅，不同单位、部门之间更是如此。”承孝敏说，“信息涉密”“经过请示上级领导不允许共享”，是在推进信息化建设中最常听到的答复。“但为什么不允许共享、到底是哪条政策不允许，又往往没有答案。”承孝敏坦言，在技术层面信息交换共享并不是难题，真正难的是部门之间不敢交换、不愿交换。

深圳市经信委相关负责人在接受采访时表示，一些政府部门缺乏“大数据思维”，把自己掌握的丰富信息锁在柜中、束之高阁，或是缺乏迈开步子的勇气，摆脱不了“数据小农意识”，动辄拿保密和隐私说事。部门对数据资源的分割和垄断，制约了政府的协同管理水平、社会服务效率和应急响应能力。而在大数据风潮下，许多地方和部门开始另起炉灶，建各式各样的数据中心、信息中心，标准不一、重复建设，势必造成资源浪费，同时也为下一步整合制造了新的难题。

据报道，目前国内共有各级公积金管理机构606个，这些机构本应按照国务院《住房公积金管理条例》，进行统一系统的管理，但目前各地开发出几百套公积金管理系统，每个系统动辄花费数百万元，甚至上千万元，每年还有几十万到上百万元的升级维护费用。然而，这样巨大的投入，却没能产生把公积金联网管好的效果，反而形成了一个个信息孤岛。有业内人士表示，虽然投入巨大，但每到月底，要想全国汇总一个数据都很难。

没有统一的技术标准、数据标准、接口标准，系统五花八门，导致信息难以共享，这是当前公积金管理系统遭遇的困境，也是大数据发展过程中面临的共性问题。以浙江为例，近年来在智慧城市建设不断深入的情况下，各地各部门相应生成的信息数据同步激增。仅浙江各级档案馆近5年来就归档备份了交通、卫生等部门的数据库文件247.3TB，相当于近1亿张光盘或6000多万册图书的存储量。然而由于缺乏部门间的协调和统一规划，目前不同部门产生的电子公文格式虽然趋向统一，但数据库系统并不统一，这就给数据共享互通造成障碍。浙江丽水市档案局执法监督与信息化处处长朱悦华说，一些地方的电子公文只能在特定的阅读器上打开，要将其转换成通用的PDF格式，花费不菲。

目前，公共数据条块分割严重，干扰数据汇聚。多家企业负责人反映，即使拿到公共大数据，但由于政府部门条线分割严重、缺乏数据存储规范标准，这些数据十分杂乱，分析并加以利用的成本很高，这就造成了数据杂乱，即使放开了也拿不走。“很多记录下来的数据没有规范化，也没有对数据存储进行设计，即使在同一个行业，数据也是‘一人一个模样’。”百度大数据部副总裁陶海亮说，存储语言不一样很难融会贯通。例如医疗行业，很多信息系统厂商记录下来的数据根本没有统一标准，要想合作，必须先弄清数据含义是什么，这样做成本很高。龙信数据（北京）有限公司董事长兼总裁李钰说：“拥有者不一定觉得有用，看得懂、用得着的不一定能拥有。政府开放数据需要勇气和决心，并落实到行动上。”

杭州市经济和信息化委员会副主任杨福颂说，杭州有20多个归属不同部门的信息中心，这些信息中心人为地形成一个个互不连通的“信息孤岛”。天津开发区城市管理局数字城管科科长陈松说，天津政府部门的社区公益服务已在技术上实现了突破，通过智能手机和客户端几乎可以实现零成本的公益活动，但综合管理体系需要工商、税务、社区服务部门的联合，难度较大。同时，各系统数据标准不统一，开放共享成本大。宁波市智慧城市建设协调处处长聂聪迪说，政府大数据目前没有统一标准，地方和各个系统都在制定自己的数据标准。“地方区域有块上的标准，卫生系统等有条上的标准，条块标准遇到一起需要数据共享，再修改标准将耗费巨大成本。”

此外，部门利益至上的思想也制约了大数据开放与应用。天津开发区华纳社区是中央政法委“全国综治信息系统”试点单位，目前全区的残疾人、吸毒人员、重点关爱人群、独生子女等的数据均实现共享，但诸如流动人口、房管信息等数据较难获得。武汉市信息产业办公室主任黄长清表示，武汉市政府机构网站可归为520个数据集，数量已超北京、上海公布的数量，但有些数据资源丰富的单位公开和共享动力不足，给跨行业数据汇聚整合造成困难。

横亘在大数据版图上的一道道部门壁垒，让大数据企业步履维艰。百度地图是目前广泛使用的电子地图，但由于政府的地图资料信息不公开，企业只能被迫自己采集信息进行标注。“地图上的公交服务信息应由政府免费提供，但实际上这些信息都没有公开，我们只能挨个跟公交公司谈，不仅资源浪费严重，而且效率非常低下。”百度发展研究中心副主任黄林莉说，政府层面的信息公开距离企业实际需求还有较大的差距。

目前，从北京、天津、浙江、贵州等地情况来看，运用大数据助力政府治理正进入数据积累和分析的初级阶段，但存在着动力不足、部门壁垒森严而导致的数据打通难、数据开放严重不足等问题。业内人士呼吁加速公共数据资源的开放，为大数据产业进一步纵深发展营造健康环境。

随着大数据浪潮风起云涌，一些政府部门和垄断机构掌握的丰富数据资源成为香饽饽和聚宝盆。然而，大数据企业很难获得这些公共数据，企业日常运营中信息审核成本巨大。“如果政府掌握的个人征信大数据库对企业和社会开放，将意义重大。”国内大型生活分类信息网站58同城政府事务部总监曲子恒说。

58同城有5500多名员工，其中3000多名销售人员的主要任务就是审核用户信息。由于诚信机制不足，对于用户信息了解程度有限，销售人员必须耗费大量精力接触商户以保证安全，比如开锁公司、搬家公司在公司网站上发帖，销售人员就要上门进行人工审核。例如，目前查询身份信息，每验证一个身份证要交3元钱，增加了企业审核成本；查询企业信息，登录北京工商局网站可以获得一些企业的基本信息，但很多地方信息仍然不公开，不拿着律师证跑到当地工商局大厅就查不到，而且查询还要收费。如果工商注册、身份证查询的大数据系统对企业和社会开放，一些信用记录不良的人一旦发帖，网站就可以根据记录获得风险提示，从而告知商户谨慎交易，企业也不需要花费这么多人力和时间上门验证，能够节省巨大成本。

大数据管理解决方案提供商、北京龙信数据有限公司研究中心副主任祁鸣说，政府大数据应用的理念亟待创新。大数据不是人民币，在缺乏挖掘能力的人手里一点用处都没有，但在具有行业经验的人眼里就是一份宝藏。

“现在的问题在于，政府没有动力深入挖掘大数据的价值，而企业又拿不到有用的大数据。”祁鸣说，在我国，一些政府部门拿到其他部门的数据后不对社会开放，先在政府内部共融共通，但事实是政府内部的信息共享都无法实现，更别提对社会和企业开放了。

开放公共数据，既可以提升政府治理能力、推动政务公开，也可以方便百姓生活。腾讯互联网与社会研究院副秘书长谭涛说：“政府开放数据就像向小河注水，会保持河流生态的健康，开放后能带动数据挖掘分析产业的蓬勃发展。现在百度、阿里巴巴、腾讯等大型互联网企业搜集的数据再大也有片面性，如果能与政府数据进行交叉验证，前景将无限光明。”

“数据割裂”是怎么产生的

大数据的潜力和价值已经不言而喻。从社会价值来看，大数据能让人们及时了解社会热点、预测流行趋势或是环境变化等等。从商业价值来看，无论是电商的精准推荐还是微商的精准营销，从企业到普通人，都能够直观体会到大数据给社会带来的巨大价值。随着应用的深入，大数据的价值还在不断地发酵，更广泛地体现在社会的各个领域，如金融、制造、能源、商贸、物流、农业、气象等等。

在全球的不同地区，不同类型的数据集被相互连接，从而使人们对各个领域产生了前所未有的洞察力和预测力。对于企业来说，各种基于大数据的商业模式随之被设计出来；对于社会管理者来说，基于大数据的治理模式也被不断地进行创新和应用，这些都带来了巨大的经济和社会价值。

也正是因为大数据有难以估量的价值，目前，无论社会上的各行各业还是政府管理部门，都在竭尽力量地采集数据、占有数据和利用数据。这其中，很大部分的数据应该是公共数据，虽然这个数据的来源不是公共采集体系，而更多来自某个社会单位、企业，例如某家网站。

当然，很多网站都按照行业规则把数据向社会开放出来了。也有很多数据是企业内部服务器上的日志数据，还有企业的各种交易数据，由于涉及企业自称的所谓商业机密，对这一部分数据，相关的企业并没有完全开放，甚至严格保密，它被认为是属于企业私人的数据。

此外，政府和企业还有很多线下采集的数据，出于各自利益的考量，这一类数据只是被很有限度地开放，而大部分的数据并没有开放。很多政府部门会说，为了安全起见，这些数据不适合公之于众，只属于自己内部。当然，那些拥有大数据的企业，如阿里说淘宝上的数据是我的，新浪也会说微博数据是我的，等等。企业在挖空心思地采集、占有数据，哪怕重复工作、浪费巨大的资源也在所不惜。BAT 互联网巨头甚至四面出击，希望把天下所有的数据一网打尽。然而问题在于，单靠自身的力量，永远只能占有有限的数据，无法形成数据合力，从而更进一步体现出大数据的价值。基于各自的部门和单位利益考量，就会在大数据时代带来一个严重的问题：数据的割裂和垄断。

互联网时代的精神就是共享、开放、包容。从本质上来说，大数据应该处在一个共享、开放的互联网数据池中，是一种公共资源。但是，出于部门利益、商业利益或其他层面的考虑，本应属于互联网的大数据被“圈”了起来，贴上了“私人财产，非请莫入”的标签。这已经成了社会刚刚步入大数据时代所面临的一个重大问题。

从现状来看，目前各类商业机构占有、控制了大量的大数据资源，成了这些机构的资源、资产和核心竞争力，也就成了他们手中的宝贝，不肯轻易讲什么共享、开放。这样的趋势延续下去，未来的大数据就可能被大大小小的数据商垄断，从而形成数据的割裂，形成一个个新的“大数据孤岛”，也就势必让大数据的连接价值大打折扣。因为，这违反了数据价值的本质，即开放、连接和共享，并带来新的“信息不对称”问题。可以说，大数据的垄断与大数据的本质背道而驰，这些行为最终毁掉的是大数据的核心价值。

在信息庞杂的时代只要善于创新，就能从一大堆数据中挖掘到发展机遇，包括产品数据、运营数据、价值链数据、市场数据、竞争对手数据等。通过大数据分析，可以预测某个制造业产品生产和市场走势，追踪服务业的发展规律和赢利空间，分析实时动态的制造业在国内外的消长。目前深圳各行业不缺乏大数据，问题是如何开发和激活大数据，尤其是政府部门的数据，让沉睡的数据创造非凡价值。

不过遗憾的是，因为部门利益得失问题，不少有价值的数据还沉睡在政府部门的资料仓库或封闭系统中，丰富的信息被束之高阁。因为没有很好的推动机制，动辄拿保密和隐私说事，是部门抵制数据共享常见的“杀手锏”。有领导这样说，信息资源都共享了，不用求我也把事办成了，我做领导还有什么意思？大数据不仅是技术变革，更是一场思想变革，必然伴随公共管理与公共服务领域的变革。没有领导部门的解放思想，激活大数据就没有大的实质性的进展。

大数据的价值在于共享和开放

大数据怎么收集、输送、传递？依靠互联网络。互联网的价值体现在哪里？互联网可以传输数据。只有当数据在不同计算机、不同用户、不同部门、不同的地区和国家之间进行交流和共享，才能体现出数据的价值。正是由于数据天然的共享需求才产生了互联网，正是由于互联网才产生了大数据。

大数据因互联网而生，但在一些专家看来，现在的大数据可能还不能称之为大数据，还是小数据。原因在于，因为每个平台、每个机构观察到的数据都是一个行为的侧面，并不是整体性的数据。对于构成大数据的数据而言，最有意义的数据应该是关系型的数据，而不是割裂型的数据。割裂的数据或者某个侧面的数据，其价值和有效性会大打折扣。遗憾的是，中国目前很多机构所拥有的大数据实际上都是基于原生的经营管理产生的，无论历史多长（比如原来传统的大型金融机构积累了很多年历史的数据，数据量很大，有些电商平台积累了一些电商平台上的交易数据），对其的收集、分析都是基于每个机构各自的侧面。这些数据实际到目前为止，还是处于一种分割、割裂的状态。

中国基础设施建设享誉全球，但是数据建设一直没有被提到一个很好的议事日程上来。从这个意义上说，中国未来的所谓软实力的建设，应该更加注重数据基础设施的建设。很多数据的整合和数据的集合还是需要政府的力量，这个工作商业机构不一定能完成。原因在于，那些关乎每个人的数据很大一部分是掌握在相关政府部门的手里，比如税务数据、社保数据、交通数据、养老数据，方方面面。

大数据本应是互联网上的一种开放资源，所谓取自互联网，用于互联网、用于社会。我们有必要让大数据回归开放的本性。在这个问题上，政府相关部门应该带头开放。

目前大量的公共数据掌握在互联网公司手中，而真正有远见的互联网公司也应该带头积极开放数据，人们有理由对BAT这样的巨头抱有莫大的期待。可以预见，在未来各种数据开放组织会诞生出来，他们通过社交网络联合起来，促进数据的开放和共享。

“数据交易”被认为是解决“数据孤岛”问题的一种市场机制。但从目前来看，大数据垄断所造成的大数据资源“贫富差距”太大，小的企业和大的企业所拥有的数据完全不在一个数量级上。可以说，大数据的交易就还是“富人间的游戏”，普通的个人或中小企业只能享受很微不足道的数据红利。大数据领域的很多创新创业企业因为手里没有数据资源，其创新的能力、创业的动力也受到极大的制约。这种趋势发展下去，会使大数据鸿沟在未来进一步加深。

真正的大数据商业模式的创新是建立在数据开放和共享基础上的二次创新，这才能真正激发大数据的生产力。就像当年的互联网门户，内容收费的门户网站纷纷垮掉，内容免费的网站蓬勃发展一样。真正推动大数据开放的公司和组织会健康地活下来，背道而驰的大数据垄断企业迟早会被颠覆，会轰然垮掉。颠覆大数据垄断者的必定是大数据开放的倡导者和践行者。大数据时代的 BAT 必然也产生自拥有数据开放和共享思维的、真正的大数据思维的大数据创业公司。

让大数据回归开放、共享的本性，大数据的经济和社会价值会更加超乎想象。

开放政府大数据是实现科学决策的基础

目前，世界各国政府运用大数据推动经济发展、完善社会治理、提升服务和监管能力正成为一种全球性的趋势。

国务院印发的《促进大数据发展行动纲要》提到，到 2018 年底前，建成国家政府数据统一开放平台；2020 年底前，逐步实现信用、交通、医疗、卫生等民生保障服务相关领域的政府数据集向社会开放。政府大数据的全面开放，不仅是政府信息公开的真正体现，而且还将使政府决策更为公开透明，也将为政府的科学决策提供坚实的基础。

政府在大数据的征集方面，具有天然的优势。比如政府可以动用公权力，以法律为依据，以财政资金作后盾，向全社会开展大规模的普查或者抽样调查。其数据的样本量之大、调查网络之完善、资金支持力度之大，远非一般企业或机构所能相比。比如我国的第六次人口普查，共动用了 600 多万名普查指导员和普查员，仅中央财政就耗费了近 7 亿元的资金，而征集的数据样本量超过了 13 亿。政府部门拥有最多的大数据资源。工商、统计、公安、住房、建设、规划、社保、税务和国土等政府部门，积累了大量与经济社会和生活息息相关的数据，是搭建大数据平台的富矿，只要共享，政务环境就会大为改观。通过采集和分析处理数据，实现政府公共服务管理创新，是大数据时代的必然选择。

从本质上来说，政府数据是国家机关在履行职责时所获取的数据，采集这些数据的经费来自于公共财政，因而这些数据是公共产品，理应归全社会所共享。从全球范围来看，建立统一的政府开放数据门户，集中开放可加工的数据集是许多国家政府的普遍做法。2011 年 9 月，巴西、印度尼西亚、墨西哥、挪威、菲律宾、南非、英国、美国等八个国家联合签署《开放数据声明》，成立开放政府合作伙伴（OGP），目前全球已有 60 多个国家加入其中。2013 年 6 月，八国集团首脑签署了《开放数据宪章》，要求最迟在 2015 年末按照宪章和技术附件要求向公众开放可机读的政府数据。由此可见，政府开放数据运动已在全球逐步兴起。可以说，在开放政府数据的道路上，中国称不上早，但也并没有太晚。

专家认为，开放大数据的作用就像当年实行的“耕者有其田”，这将是生产关系的一次大变革，会促进生产力的大解放。“作为公共财产的政府数据，本质上属于人民，应该在保障国家安全、个人隐私和企业商业秘密的前提下，让这些数据回到人民群众中去。”中国工程院院士、中国计算机学会大数据专家委员会主任李国杰说。

美国、英国、日本等发达国家在发展大数据产业之初便不遗余力地开放公共大数据。美国数据开放网站目前已有超过 37 万个数据集、1200 多个数据工具，这些数据来自 170 多个机构。英国政府专门建立“数据英国”网站，已将政府开支、政府部门财务报告等数据公开。

工程院院士李国杰认为，政府应当公开的数据主要分为三类：一是操作业务信息，主要指政府各部门间办公流程所需的数据，如办理银行贷款时所需查询的信用数据等；二是管理信息，主要面向各类业务的管理者；三是研究和决策信息，主要面向政策研究人员、企业管理人员等，他们从数据中发现新规律、新问题，进而制定新政策。

李国杰还提出，政府公开共享大数据，不是单纯登记政府现有数据，而应以公众需求为导向，以促进国家治理变革为目的。同时，要算经济账，不是越多越好，而是要能带来信息化成本的节约。例如，英国政府通过高效运用大数据技术，每年约节省政府支出330亿英镑。

开放政府数据，设立统一的发布门户网站，此间的意义在《纲要》提及的五大目标中，已经有着较为全面的体现。作为一种虚拟的大型基础战略资源，大数据带来的改变是惊人的。以政府数据开放的先行者美国为例，通过数据开放，2013年美国在政府管理、医疗服务、零售业、制造业、位置服务、社交网络、电子商务七个重点领域产生的潜在价值已经达到了2万亿美元。并且需要指出的是，这一价值规模还在高速增长。回到中国的科技创新中心——北京市中关村，据估算，2016年的大数据产业规模也将达到1万亿元人民币。

我国虽然政府掌握了这么庞大的数据资源，但在开发利用方面却依然存在着很大的问题。数据的不公开透明不仅会导致政府的决策失误，还容易使民众对政府数据的真实性和科学性产生疑虑。

政府开放数据，不仅仅含有经济意义，事实上也有着重大的政治意义。例如，在政府预算、招投标层面，只要能够促进数据的开放，公众的监督将会更加有力量。数据是会说话的，通过数据，可以对政府的各类行为、成效和范围进行验证，由此带来的监督能力提升，将大大促进腐败的消失与政府效率的提高。在制度设计的博弈层面，政府数据开放的意义尤为重要，例如近年来拖沓不前的垃圾围城处理办法，政府与民间的博弈存在信息上的不平等，假如能够实现数据信息上的开放，一个更加透明和公正的制度将会值得期待。

正因为如此，加快我国各级政府数据的开放，鼓励社会机构参与开发利用，是建设服务型政府的重要内容和必然要求。《促进大数据发展行动纲要》提出要大力推动政府部门数据共享，稳步推动公共数据资源开放，这是实现“宏观调控科学化、政府治理精准化、商事服务便捷化、安全保障高效化、民生服务普惠化”的前提和基础。这也就意味着，各级政府必须尽快实现公共数据的互联互通并向社会开放应用。只有如此，大数据在促进政府决策科学化、政府信息公开化方面的积极作用才能真正显现出来。

当然，最后值得关注的是政府开放数据的风险。数据开放是一把双刃剑，既满怀机遇，也暗藏风险。就风险而言，既涉及到国家安全、商业机密，也关乎公民隐私。所以，如何确保政府数据开放与安全兼容，数据的脱敏就显得格外重要。在这方面，世界各国已经有了一些落地成型的规范，作为政府数据开放的后起者，完全可以参照借鉴。

无论是对于政府还是民众，无论是着眼当下还是展望未来，无论是对于生产者还是消费者，大数据时代都不可逆转地到来了。政府数据的开放，极为难得地获得了各方的肯定，这种宝贵共识的形成，使得我们有理由相信中国政府追赶全球各国政府数据开放的步伐不会太慢。基于政府数据开放，所获得的政府治理能力提升、企业发展得到助力、公众获得更多赋权，也将会在未来数年渐次实现。

打破信息孤岛，打破利益割据

“打破信息孤岛就是打破原有的利益割据。”专家表示，目前国家已出台了相关文件要求全面共享数据，对此，要打通政府各部门间数据交换共享的渠道，将原本分散存储在不同部门、行业的公共数据陆续汇集到统一的公共数据中心，强力推进政府各部门数据共建共享。

芜湖市原本专门办理民政业务的政府工作人员芮圆说，大型数据库建立之后，她现在只需使用“一站通”平台，就可以在“办事大厅”的栏目中，选择“户政业务”“残联业务”“教育业务”“卫生业务”等不同子事项，根据流程上传附件，系统就会自动分配到卫生、教育等相关部门进行网上受理。

专家指出，大数据时代，信息公开和数据开放分享已是大势所趋，政府部门应该身先士卒。

2014 年 6 月，国务院印发《社会信用体系建设规划纲要（2014—2020 年）》，要求依法公开在行政管理中掌握的信用信息，提高决策透明度，以政务诚信示范引领全社会诚信建设。这无疑为打破部门藩篱，消除信息孤岛，提供了有力的支持。

目前，一些地区也开始探索打破部门壁垒，建立更高级别的大数据平台。上海建设了国内首个地方数据开放网站，提供 9 家试点单位的 212 项数据产品、30 项数据应用下载，涵盖地理位置、道路交通、公共服务、经济统计、资格资质、行政管理等 6 大领域。上海之后，北京市政府数据资源网也有 29 个部门公布了 400 余个数据包，点击量最高的是由北京市国土资源局提供的“土地用途分区”数据集。

华中科技大学公共管理学院教授王国华认为，大数据政务不是新篇章，需要对现有资源进行进一步整合和利用，不能一窝蜂地上，从自身特点出发，用好有限的发展资金，寻找最佳建设模式才是正道。

业内人士建议，在开放公共数据方面，处理好“政府的手”和“市场的手”可以事半功倍。

正像大数据这个概念最初是为企业界所关注和推广一样，大数据时代，站在高科技潮头的互联网的角色是必不可少的。美国的大企业是大数据知识技术的支持者和推动者，像谷歌、EMC、惠普、IBM、微软、甲骨文、脸书等企业很早就通过自主研发或收购等方式为大数据领域的竞争布局，并推动着大数据技术的革新，快速推出大数据相关的产品和服务，为大数据在各领域和行业的应用开发出工具和解决方案。例如，谷歌利用海量搜索数据，曾在 2013 年成功预测了美国流感的爆发。

金蝶国际软件集团有限公司高级副总裁张良杰说，政府开放数据相当于铺路修桥，方便所有人的通行。政府需要做的是增值服务，比如建设大数据运营服务中心，帮助企业进行人才培训等，其他的则可以放手让企业去做，推动大数据良性生态链的建设，自然形成集聚效应。龙信数据（北京）有限公司董事长兼总裁李钰说，政府在应用大数据提升治理能力方面要“有所为有所不为”，没必要什么事情都由政府做，可以通过购买服务等形式培育相关产业，发展专业服务。例如，可以推动产学研结合，委托企业、院校研究一些重要课题，围绕着政府公开的大数据做出有意义的成果。考虑制定合理的产业振兴政策，对拥有核心技术和应用方案的企业给予鼓励等。

针对政府各部门和企业普遍反映的政府数据共享和开放问题，一些地方政府已经出台法律法规，明确规定了大数据的共享边界。杭州市经济和信息化委员会副主任杨福颂认为，数据共享不是无条件的，数据开放共享不应由某个部门说了算，而是由多个部门组成的专门机构调研决定。为打破部门利益藩篱，《杭州市政务数据共享开放指导意见》明确提出，原则上部门不能以涉密为由拒绝数据共享和业务协同，各部门数据是否涉密，由市信息化办提请保密部门予以确认。

一些地方政府开始推进了提升数据质量、整合信息孤岛的行动。数据质量参差不齐，是很多地方政府在整合数据时遭遇的突出问题。对此，河南省 2009 年开展“企业登记数据核查清理”专项行动，对 164 万户企业、684 万卷档案、1.5 亿项数据进行补录和更新，建设了统一的大数据库。2010 年以来，又核查 251.9 万户市场主体，清理 309.7 万卷书式纸质档案，核对 1305.5 万个数据项。

一些地方政府新增了数据统一标准。宁波市智慧城市建设协调处处长聂聪迪介绍，宁波新的体系建设都要求按照新标准进行，旧标准数据能够云化就云化，在协调统一试点个案的同时，注重标准的研究设立。

对于数据开放共享的推进监督，九三学社中央科技委员邬玉良建议，将政府部门间的信息共享纳入绩效考核，建立数据质量评估机制；加强政府与大数据企业的沟通，设计数据采集标准、数据更新频率等；鼓励对政府公开数据的分析应用，吸引相关企业从开放数据中挖掘更多有价值的信息。

第四章 大数据时代的统计工作与网络反腐

1. 大数据时代政府统计工作面临的新变化

大数据在政府统计中的应用

对于政府的统计机构来说，没有什么比数据更重要的了。我们研究统计分类标准、统计调查方法、统计数据采集方式、统计数据加工处理方法、统计数据评估技术，都是为了获取真实准确、完整及时、代表性强、分类科学、经济适用的统计数据。大数据时代的到来，既给政府统计带来重大发展机遇，也带来严峻挑战。

国家统计局目前已与 17 家大数据企业签订了战略合作协议。当然，目前大数据在中国政府统计中的应用仍处于起步阶段，主要表现在两个方面：一是大数据成为政府统计数据的部分资料来源；二是大数据成为政府统计数据质量的部分评估依据。

目前，大数据已经成为中国政府统计数据的部分资料来源，以下是几个有代表性的方面：

（1）利用重点网上零售交易平台数据测算网上零售额

为了掌握网上零售交易平台的交易规模和结构，综合测算网上零售数据，从2015年1月份开始，国家统计局实施了月度网上零售交易平台调查，调查范围为42家重点网上零售交易平台，包括京东商城、亚马逊、当当网、淘宝网、天猫商城、酒仙网、美团网、中粮我买网、国美在线、大众点评网等。

据对上述42家重点网上零售交易平台数据测算，2015年1～8月份，全国网上零售额22400.9亿元，同比增长36.5%。其中，实物商品网上零售额18653.4亿元，增长35.6%，占全部网上零售额的83.3%；非实物商品网上零售额3747.5亿元，增长41.1%，占全部网上零售额的16.7%。如上数据对于政府的经济宏观管理部门掌握经济运行状况情况具有重要的参考作用。

（2）利用房屋交易网签数据计算全国70个大中城市的新建住宅价格指数

房屋交易网签数据是指买卖双方签订购房合同后，房地产开发企业在房管部门进行备案，并在房产信息网上公布的相关信息，包含地址、楼层、价格、面积和金额等详细信息，基本涵盖了当月新建住宅的全部交易情况。从2011年1月份开始，国家统计局开始采用房屋交易网签数据，来计算全国70个大中城市的新建住宅价格指数。这对于提高70个大中城市新建住宅价格指数的数据质量起到了重要作用。

（3）利用卓创资讯公司提供的价格信息，开展流通领域重要生产资料市场价格监测

国家统计局与卓创资讯公司开展合作，利用该企业提供的价

格信息，开展流通领域重要生产资料市场价格监测。从 2014 年 1 月开始，按旬共同向社会发布流通领域九大类 50 种重要生产资料市场价格的检测结果。行业涵盖黑色金属、有色金属、化工产品、煤炭、石油天然气、非金属建材、农产品、农业生产资料、林产品等领域。地区监测范围覆盖北京、天津、河北、山西、内蒙古、辽宁、吉林、上海等 24 个省区市。这对于宏观管理部门和社会公众了解流通领域重要生产资料市场价格信息起到了重要作用。

目前国家统计局除了把大数据作为政府统计数据的部分资料来源外，也高度重视利用大数据评估政府统计数据质量。以下是目前比较有代表性的两个方面：一是利用中国银联跨行银行卡消费数据评估社会消费品零售总额数据质量；二是利用大型机械装备企业物联网数据评估固定资产投资数据质量。

大数据时代，政府统计工作的机遇和挑战

对于政府统计来说，大数据技术带来了重大的机遇。

首先，大数据将不断提高政府统计服务宏观管理和社会公众的能力。随着大数据的不断发展和完善，随着政府统计机构开发应用大数据能力的不断提升，政府统计产品的种类将会不断丰富，政府统计数据的质量和时效性将会不断提升，从而政府统计服务宏观管理和社会公众的能力会不断提高。

其次，大数据将会推动政府统计发生革命性的变化。随着大数据的发展和完善，随着政府统计机构开发应用大数据技术的逐步成熟，政府统计将会发生革命性变化。

（1）现有的以周期性普查为基础，以抽样调查为主体，综合运用全面调查、重点调查等方法，并充分利用行政记录等资料的

统计调查方法体系可能会发生重大变化。长期以来，抽样调查方法，即在总体中抽选样本、利用样本推算总体的方法；普查和全面调查方法，即对总体中所有单位逐一进行调查的方法，在我国政府统计中发挥了重要作用。今后，在较长的时期内这些方法仍然会被政府统计所广泛采用。但在大数据不断发展和完善的情况下，某些领域、某些方面的大数据可能会取代抽样调查、普查和全面调查方法，成为获取统计数据的重要方法，而且这种获取统计数据的方法将会变得越来越重要。

（2）政府统计中的数据采集方式可能会发生重大变化。长期以来，政府统计机构主要以企业填报、住户记账、调查员入户等方式采集原始数据。在大数据不断发展和完善的情况下，一部分原始数据将通过挖掘大数据的方式获取，而且这种新的数据采集方式将会变得越来越重要。

（3）政府统计的数据处理模式可能会发生重大变化。在大数据不断发展和完善的情况下，现行的对普查和全面调查数据进行直接审核、汇总、加工处理和对抽样调查数据进行推算放大的数据处理模式可能会发生重大变化。

大数据时代同样给政府统计工作带来了严峻挑战。

首先，大数据给政府统计能力带来挑战。

从大数据本身的产生到发展完善，从政府统计对大数据的初步运用到成熟运用，需要一个较长的时期。在这个过程中，一方面，政府统计中传统的统计调查方法、数据采集方式和数据处理模式将继续运行，否则满足不了宏观管理和社会公众的需求。另一方面，政府统计系统必须投入大量的人力和物力对大数据进行挖掘、加工处理和运用，否则也适应不了大数据时代宏观管理和社会公众的需求。这种双轨运行的模式，对政府统计能力将是一个巨大的挑战。

其次，大数据给传统政府统计理念带来挑战。

传统的政府统计有一个约定俗成的理念：抽样调查方法可降低调查成本，提高效率和数据质量。因为抽样调查只对总体中部分抽中的样本进行调查，并非对总体中的每一个单位都进行调查，所以调查单位明显减少，可降低成本，节约时间，提高效率。同时，由于调查单位较少，政府统计机构有能力对基层统计调查人员进行较为扎实的培训和指导，有精力对统计调查数据进行较为严格的检查和审核，从而能够提高统计调查数据质量。

随着大数据不断发展完善，政府统计机构将会越来越多地通过大数据企业间接地获取统计数据，不需要对总体中的具体单位进行直接调查，不需要调查员，从而也不需要对调查员进行培训，抽样调查所具有的调查成本低、能够提高统计调查数据质量的优点就不复存在了。

大数据破解“数据造假”顽疾

数据的重要性，在现代政府治理中越来越不言而喻。从国家治理的传统上来说，中国一直有着以德治国的传统。应该说，在社会管理和治理方面，我国缺乏“用数据来说话”、以数据为基础的精确治理理念。1930年5月，毛泽东为了反对当时革命领导人中存在的教条主义思想，专门写了《反对本本主义》一文，提出“没有调查，没有发言权”的著名论断。而所谓的调查，也就是对某一事物积累大量的感性认识，从而上升到理性认识、形成决策。这就是一种用事实说话、用数据指导决策的科学思维。

大数据作为一种新兴的数据处理技术，能够更为有效地集成那些与政府治理有关的政治、经济、文化、社会、生态等不同领域的信息、数据，从而为社会管理者的决策提供数据基础和坚实的决策依据。

例如，大数据可以使行政组织内部的信息传递和沟通更为有效。现代管理理论之父切斯特·巴纳德（Chester Barnard）认为，任何组织的存续离不开有效的信息沟通。然而，信息不对称问题却广泛存在于人们的社会生活中，行政组织中也不例外。在现代科层制的政府组织体系中，政府这个庞大的组织内部，与治理相关的有效的信息往往要由基层一层一层传递上来，供更高层级的决策之用。而上级官员的决策，往往会陷于信息不对称的困境，得不到最真实的第一手数据。建立在对社会和经济各方面的不准确、不完整的信息基础之上的决策，既缺乏科学依据、又缺乏民主基础，往往漏洞百出。

在新技术条件下，大数据的出现可以改变上述这种“信息科层制”所带来的巨大弊端，使得政府治理体系内部的信息传统变得更加“扁平化”，从而提升科学决策的水平和决策精准度。正如人们常说的，大数据分析的最大魅力在于“通过交叉复现，直抵事实的真相”。那么，大数据交叉复现和信息传递的扁平化如何给政府治理带来关键性的决策资源呢？

在大数据时代，上级政府对于地方政府的真实情况就可能借助大数据来了解，通过对大数据的多维分析，上级政府便可以知道地方政上报数据的真实性，从而进行正确的决策。

“数据打假”是大数据应用最为成功的领域之一，并能成功地为政府节约行政成本、提高行政效率。

2003 年 3 月欧洲大部分的发达国家都实现了全民医疗保险制度。在美国，根据美国联邦医疗和补助中心（CMS）的统计，在 2009 年，医疗保险计划支出共 5023 亿美元，覆盖了 4700 万的美国人口；医疗补助计划共支出3739亿美元，覆盖了5680万美国人口。由于两个计划都是针对社会的弱势人群，它们之间也互有交叉，例如，对于老年的贫困人口群，就可能同时适用两个计划。2009年，有850万人同时受惠于两个项目。

但对这种全民福利的做法，长期以来，美国社会并不认同，原因主要有两点：一是对政府的不信任；二是认为如果政府对公民大包大揽负全责，公民就会对自己不负责。

福利政策在全世界最大的争议，就是福利滥用，最后养了懒人，导致社会发展缺乏动力。面对利益，人类的创造力总是无穷的：虚假账单、重复申报、无中生有，小病大治、慢治、长治，隐瞒收入和存款、装穷吃低保，林林总总，不一而足。2008年，联邦调查局在《财务犯罪年度公开报告》中估计，联邦政府每年的医疗开支当中，大概有3%到10%涉嫌造假和欺诈。这两个项目的受惠人群，加起来有近1亿人，平均每人每月上一次医院，一年就有12亿张账单，按照联邦调查局的估计，大概会有3600万到1.2亿张账单存在问题。如果要依靠人力去张张审查，其工作量是难以想象的。

“我们才刚刚开始全面利用数据挖掘的技术。我们相信，使用正确的技术，加上专业的人员，并保证数据安全，通过这三者的结合，数据挖掘将成为我们提高财务审计效率和效果的重要工具。”这是美国国会政府问责办公室关于数据挖掘在国会的听证会上的表述。

目前，CMS中心最主要的措施，就是通过数据来打假。2001年，加州州政府率先推出了一个数据挖掘的项目“保险补助双向核对”（Medical-Medicaid Data Match），将医疗保险和医疗补助两个项目的数据整合起来，利用两个计划中的人员、时间、价格、地点等数据信息对每一宗申报进行互相核实，通过计算机算法自动确定相互矛盾、有异于常态的支付记录，一旦发现造假或者不实申报的可疑账单，则转入人工追讨的环节。这大大缩小了人工审查的范围，提高了打假的效率。

由于效果显著，2004 年，这个项目在个别州的实施范围进一步扩大，由事后追讨推进到了事前防范。这意味着，CMS 中心一收到申请报销的账单，就启用数据挖掘系统对该申请的数据记录进行“风险评分”：得分低于预定风险额度的申报则转入自动支付的环节；得分超过该风险额度的申请将退回申请人，或提交专门的小组进行人工复审。支付后的账单，最后还要经过另一个数据挖掘算法的审核，发现可疑的，再转入人工追讨的环节。

以上措施的效果非常显著，很快引起了美国国会的重视。大部分国会议员都相信，数据挖掘的做法将为国家节省开支。2005 年，国会通过了《赤字削减法案》（Deficit Reduction Act of 2005），该法案的根本目的是“精简机构、裁减开支”。在对大多数联邦机构削减经费的情况下，国会却给 CMS 中心下拨了专款，用于成立扩大专门的数据挖掘审查队伍。卫生部甚至主张，这种数据打假的项目应该纳入国家医疗信息系统基础设施建设的范围，换句话说，以后的医疗系统，在设计阶段就应该包括数据挖掘的打假功能。

数据挖掘还常常能给工作人员带来一些意外的惊喜。例如，Neulasta 是一种治疗癌症的注射剂，2006 年，CMS 中心的算法发现，不同医院提交的 Neulasta 账单不一致，有的账单使用毫克作为单位，有的账单使用瓶作为单位，而一瓶为 6 毫克。经过调查证实，使用瓶的账单属于“有意或无意”的人为错误，但这个错误，把申报的开支扩大了 6 倍。仅该项发现，就为联邦政府挽回了近50万美元的损失。

2007年3月，CMS中心的首席财务官希尔（Timothy B. Hill）出席国会的听证会，他例举了数据挖掘项目实施一年多之后的效果：通过数据挖掘预设的风险评分门槛，确定了2500万美元的虚假申报，事后的数据挖掘复审环节又追讨了1500万美元的超额申报；其中，有50多宗欺诈案浮出水面，最后移交司法部门处理。

除了CMS中心，联邦政府的社会福利项目都陆续开始采用数据打假的做法。2010年10月，为了削减赤字，奥巴马在白宫和他的技术顾问委员会召开会议，IBM、Dell、Intel等大公司的CEO向他建议说，联邦政府如果在社会福利的项目上加大数据挖掘、分析技术的应用，预计10年内可以再为国家节省2000亿美元。在近十几年来，除了福利打假，数据挖掘的技术在联邦政府的其他部门也获得了广泛的应用。“9·11”以后，国家安全局更是依赖该项技术跟踪确定恐怖分子。

在中国，例如粮食产量统计数据，运用遥感卫星所获取的数据，中央政府可以较为准确地掌握各地耕地数量，然后通过适当的算法，配合历史以往气候与产量的数据模型，就可以得出粮食产量的数据，同时判断地方政府上报的粮食产量数据的精确性，从而做出进一步的跨区域农业政策统筹规划方案。

多年来中国农村普遍存在焚烧秸秆的做法，传统的观念认为焚烧秸秆的草木灰可作天然无机钾肥。但近年的科学研究表明，焚烧秸秆不但不能为土地增肥，反而破坏了土壤表层的生物菌群，并带来严重的空气污染问题。但是，由于当今的大多数中国农村不再需要秸秆作为燃料，其回收成本较高，地方政府对焚烧行为也存在着管控不力的情况。借助遥感卫星技术，环保部门可以通过卫星数据远程监控秸秆焚烧点，使地方政府无法瞒报由于秸杆焚烧造成的空气污染状况。江苏省的环保部门曾根据遥感卫星大数据发现了74处秸杆焚烧点，紧急约谈当地政府，对相关负责人进行了处理。

可以说，中国环保部门通过卫星中心已基本建立了一套以环境一号卫星为主、综合利用其他卫星数据、无人机航空遥感等数据源的环境遥感监测应用技术体系，对水环境、大气环境、生态环境都建立起了有效的专门监测系统。这种环境监测体系，大可以应用到其他政府治理工作中的焦点、难点问题中去。例如公费医疗、“三公”消费、保障性住房，以及食品、医药安全等领域，也可以借助大数据来进行辅助决策。

客观地说，“数据造假”问题的形成有着多方面的原因，例如管理体制的因素。大数据的有效应用，可以在很大程度上化解层级制体系中的“信息不对称”困境。大数据能够把来自不同渠道的数据和信息有效地整合起来，通过多维度分析把握更为准确的信息，有效地解决层级制政府治理体系中存在的数据造假、瞒报信息的行为，使得上级政府在做出政府决策时有了更真实、更科学的事实基础，并做出更具前瞻性、先导性的决策。

2. 大数据与防治政府腐败

大数据，反腐新利器

作为“大数据问责”“大数据问政”新模式的拓展，大数据不仅为网络反腐提供了强大的数据信息源泉和先进的技术支撑，同时也为实际运用与研究开辟了崭新的空间，必将促进和推动我国反腐倡廉建设进入一个崭新的阶段。

目前，大数据反腐的主要形式之一，是网民通过网络技术和数据信息对官员的腐败行为进行检举，利用社会的舆论效应引起相关部门对官员的行为进行监察和惩处，形成对执政行为的有力监督和对权力的约束，使得反腐败工作能够更有效、更透明，进而达到有效地预防、遏制、惩戒腐败行为的目的。

有数据显示，利用网络手段反映官员腐败的现象逐年递增，社会反响较大的在2008年有2例，2009年3例，2010年7例，2011年8例，2012年19例。到了2013年之后，更是呈迅猛递增状态。尤其是十八大以来，网络“秒杀”的贪官更是举不胜举。

由此可见，在我国政府持续不断地加大反腐倡廉建设的时代背景下，信息效应在大数据网络反腐方面的作用和表现日益突出，大数据网络监督的触角已经深入到公众人物的日常言行、着装和消费等各个细节当中，作为制度反腐的有力补充，大数据网络反腐已经无时不在、无处不有，逐渐显示出传统反腐所无法比拟的特殊优势，那就是：方便快捷、主体广泛、成本低廉、更易形成舆论热点，并逐步演化为在信息网络化时代一种新的群众监督方式，成为行政司法监督的强有力补充和反腐倡廉的新生力量与利器。

近年来，大数据网络反腐已逐步成为我国反腐倡廉的一柄利器，从中央层面对其寄予了充分的重视与肯定，通过借助新媒体设立网站、强化网上举报制度建设等举措极大地拓宽了反腐倡廉渠道，激发了社会和网民参与反腐工作的积极性，推动了中国的防腐和反腐工作。

大数据网络反腐的特点和优势

大数据时代衍生的海量数据使得网络犹如一个巨大的“信息

蓄水池”，大数据时代网络曝光密切地监督着社会，尤其是一些贪污腐败等丑恶社会现象，一张图片、一篇报道、一个表情，都有可能变成反腐风暴的导火索。

互联网特别是移动互联网的飞速发展，使社会经济各方面和大众日常生活更加趋于信息化。大数据为网络反腐提供了一个庞大而且易于索取的“信息来源”和“数据仓库”，包括许多地方官员的各种信息诸如最新动态和活动足迹，可以通过设置“关键词”等形式，将大数据检索成小数据，从而使得信息能够有序地排列，获取有价值的信息。

中国的网民遍布各行各业及社会各阶层，形成了一个巨大的反腐倡廉监督网，他们可以全天候地利用网络公布、转载、跟帖、评论大量的最新信息，检举不法的腐败行为，从而实现了官民良好的互动，增进了双方的交流与沟通，积极推动了我国的反腐倡廉进程。

网络反腐的一个特点是具有隐蔽性。传统反腐过程中往往需要被检举人与检举人当面对质，检举人很可能出于种种顾忌会对检举内容有所保留；如果是上下级的关系，这还可能影响检举人今后的工作生活，更有甚者，一些上级的不法官员在发现对自己不利的信息后，滥用权力对信息进行封杀，打击报复检举人。这种弊端大大降低了人们举报腐败行为的积极性。由于大数据网络反腐往往不采用实名制，减轻了检举人的心理负担，不担心因身份曝光而遭到被检举人的报复，使得检举人的安全系数大大提高。

网络反腐还有一个优势，是具有便捷性的特点。由于网络是一种特殊的媒体，一方面，政府可以通过在网络上设立各种各样的平台如博客、论坛等及时对信息公开透明，让社会公众方便快捷地了解重大事项和反腐进度，接受公众的质询和意见，更有效地进行案件的调查和审理；另一方面，网络衍生的大数据也给予了网民通过多种渠道去搜集有关信息和证据，而且由于网络反腐不受时空的限制，举报者只需要在公众论坛或举报网站上发布举报信息，就有可能引起各方关注，并迅速传播至世界各个角落，造成社会影响和舆论压力。

此外，大数据网络反腐还具有高效性。传统反腐手段涉及的群众数量少，少数民众的言辞可能不会引起相关部门的重视，但是一旦事件在网上曝光后，网络就可以通过其自身的传播效应将该信息在网上进行高度聚焦，形成强有力的舆论势头，特别是当某些事件或者人物进入了网络视野，还会很快在网络上引起公众长期的关注与讨论，进而引起纪检部门的强烈关注，在很大程度上减少了传统反腐工作繁冗复杂的程序，增强了相关部门处理腐败案件的积极性，提高了腐败案件的处理效率，达到了大数据网络反腐的目的。

可以说，大数据刺激网民的“掏粪”反腐精神。“掏粪运动”是美国新闻界在19世纪末20世纪初以杂志为主体掀起的一场揭露丑闻、谴责腐败、呼唤正义与良心的运动。在大数据时代，“掏粪运动”呈现越演越烈的态势，这主要取决于获取信息和数据的便利程度。大数据时代，虽然信息是杂乱无序的，但同样可以激发广大网民“掏粪”的热情。例如陕西省安监局原局长杨达才因被拍到在车祸现场微笑，引起了网友的强烈关注，继而被扒出佩戴多块名表、皮带、眼镜等昂贵饰物的腐败证据。

可见，看似没有任何监督功效和意义的碎片化的信息，通过相关信息的采集归纳，提取出这些信息的共性和个性，便能获得很好的网络监督效果。单个的独立的网络信息，可能会被淹没在网络的众多话语之中，但是正是因为网民的进一步围观和追踪以及他们“掏粪”的热情，一件普通的小事也可能引发“多米诺骨牌效应”，从而产生“拔出萝卜带出泥”的结果。

大数据反腐中的问题

作为新技术条件下新的反腐手段，大数据网络反腐推动着我国反腐败斗争的深入发展，具有举足轻重的作用。但这一新生事物也面临着诸多挑战，主要是以下几个方面：

（一）大数据的“泛在性”带来的“隐私非隐”挑战

每个公民都拥有隐私权，官员也不例外。但大数据系统本身并不考虑个体和群体是否愿意共享，而是不自觉地吸收着各种可以吸收的数据。在大数据网络反腐进程中，由于其监督主体往往具有随意性、自发性、盲目性的特征，大多数网民常常站在一个言论自由的角度，尽其所能地揭露腐败行径。

但由于普通大众并没有公安机关特有的调查取证权，一般只能通过所谓“人肉搜索”或通过曝光官员及其家人的个人隐私、照片来反腐。而在对官员的行为进行披露和追踪报道的过程中很有可能已经侵犯了包括其家人在内的隐私权，特别是在证据不确凿的情况下，不负责任地将当事人的资料公之于众，不但侵犯了其个人的隐私权，也会给其家属带来重大伤害。这是对他人隐私的不尊重，甚至会触犯法律。

（二）大数据网络反腐未能与制度反腐有效衔接

大数据网络反腐作为反腐败的新生事物，目前仍处于发展的初级阶段。对于网络反腐缺乏必要的监督手段，缺乏相关法律法规来规范这种行为。虽然，我国先后通过了《互联网电子公告服务管理规定》《互联网信息服务管理办法》《互联网从事登载新闻业务管理暂行规定》《全国人民代表大会常务委员会关于加强网络信息保护的决定》等法律法规及决定，但在具体的实施过程中仍显现出很多不足之处。

一方面，有部分网民滥用网络，把网络视为打击报复的工具，任意发表自己想当然的看法，很多内容尚未得到证实，便在网上大肆宣传，有的甚至只是从自身的情感出发，片面而又偏激的观点，不仅浪费了相关部门的人力和财力，还给社会带来了不安定的因素。

另一方面，随着互联网的飞速发展，大数据网络反腐也会为少数不法分子操纵网络提供便利条件和可能性，他们丧失了原则，对权利义务意识加以扭曲，捏造事实，制造谣言，如网络推手“秦火火”等人就曾多次利用社会敏感话题，制造谣言事件，产生虚假民意，造成了对他人的恶意诽谤，损害了他人的名声和荣誉。

（三）信息不对称导致“民官鸿沟”与反腐侥幸色彩

政务运行不公开、不透明，就会造成百姓与官员间的信息不对称。网民有时只能通过观察仅有的几张图片的细节进行反腐，产生民官鸿沟。仔细分析陕西省安监局原局长杨达才落马的经过不难发现，这种所谓的大数据网络反腐的胜利，更带有一种侥幸色彩，是网民们一次歪打正着的意外收获，而且这很可能为杨达才的其他官场同仁们提供了一个深刻的教训，至少他们以后会在穿着打扮等方面更加小心谨慎，进而在官场上伪装得更好，进一步加大了大数据网络反腐的难度。

（四）技术尚未成熟，人才建设与大数据网络反腐需求脱节

中国虽然目前网民数量已经是世界最高，但是仍有一大部分公民缺乏网络知识，不能有效地利用网络手段对身边的腐败现象进行检举。同时，我国大数据网络技术还不成熟，在数据收集、数据存储、数据处理等方面还存在一定的问题，尚缺乏一套完善的网络系统集中处理网民提供的数据信息。

此外，人才建设与大数据网络反腐需求相脱节，目前能够真正理解与应用大数据的创新型人才还属于稀缺资源。在大数据时代，虽说网络给人们提供了丰富的信息来源，但是受理网络反腐案件的政府公务人员却由于自身素质和技能等的缺乏，不能适应大数据网络反腐的要求，而大数据网络反腐的战略意义不仅在于拥有海量的数据信息，更在于对这些富有含义的丰富的数据进行专业化的处理和分析，进而达到反腐的目的。大数据网络反腐技术人才的缺失，无疑成为大数据反腐所面临的严峻挑战。

未来的大数据反腐之路

大数据网络反腐作为新技术条件下的新生事物，是我国反腐倡廉工作中的重要一环，其在我国反腐倡廉工作中的积极作用远远大于它的消极影响。为准确把握和合理利用大数据网络反腐这把“双刃剑”，应积极探索、选择推进其发展的有效路径，努力使其走上良性发展的道路。

（一）维护个人隐私，反对大数据网络反腐“毒树果”

随着大数据网络反腐日益成为反腐败斗争的一只重要力量，政

府、法学界及互联网行业等各方面应加强沟通协商，保护公民个人信息隐私权，坚决反对通过泄露他人信息、侵犯他人隐私等不正当甚至是非法行为来揭露腐败官员的大数据网络反腐“毒树果”。

首先，政府相关部门可以通过制作公益性广告、微电影，借助网络、电视等媒体向社会公民宣传维护个人隐私、尊重他人隐私权的重要性，侵害他人隐私权将受到的惩罚，在法制宣传日、法定节假日等发放小卡片、摆放展板、悬挂条幅、组织公益性讲座，或利用报纸、宣传栏等向公民介绍在大数据时代背景下，如何做到尊重他人隐私与网络反腐两不误，鼓励民众在不违反法律规定的前提下，合理利用网络揭露腐败现象。

其次，法学界应积极参与法院活动，针对大数据网络反腐与隐私权问题，定期召开专题座谈会，开展社会调研，并提出独到见解，推进反腐实践与法学理论的深度融合。

此外，互联网业运营商应加快数字隐私权等基础设施建设，健全隐私保护机制，对明显侵犯他人隐私权的信息及时予以删除，为进一步推广大数据网络反腐打造良性的信息生态环境。

（二）健全法制建设，套牢大数据网络反腐“紧箍咒”

加强大数据网络反腐倡廉建设，法制保障是关键。当前，我们要抓好法律法规及制度设计，为大数据网络反腐套牢“紧箍咒”，引导公众更有序、更规范、更合法地享有大数据网络时代法律赋予的权益。

对现有相关法律法规进行分析，聘请相关专家进行组织论证，找出那些已不适合当今大数据新时代背景的条文规定，并提出修改意见，及时予以修订，使之更好地保障大数据网络反腐的顺利进行。

对现有法律尚未覆盖的部分，紧密结合大数据网络反腐倡廉的特点和工作实际，尽快制定出台相关法律法规，弥补法律缺陷漏洞，明确规定不能毫无原则、毫无事实依据地随意对嫌疑人进行在线诽谤，或采取其他非理性手段对嫌疑人进行网络人身攻击。

在大数据网络反腐法律法规制定后，切实做到有法必依、执法必严、违法必究，尤其是要严厉查处那些滥用网络诬陷他人的违法案件，对别有用心的人起到警示教育的作用。要建立大数据网络反腐舆情收集、研判、处理机制，对于涉及揭发腐败事件的信息，由网络把关人负责按规定流程进行审核，防止虚假信息传播，避免泄露案情、干扰调查等问题的发生。

（三）强化信息公开，架构大数据网络反腐“发射塔”

要充分应用好大数据时代下网络这个信息“发射塔”的功能，大力加强反腐倡廉公开和检举力度，主动接受网民监督。一方面，要认真督促并落实相关规定，对应该进行公开的相关事项，分时段、有步骤地利用网络平台，依法、准确、全面、及时地做好公开工作，特别注意重点公开民众关心、社会关注的重大问题决策、重要干部任免、重大项目安排和大额资金使用情况等“三重一大”集体决策制度所涵盖的相关事项，不断扩大信息公开范围，细化信息公开内容，同时，对一些专业性比较强、涉及范围比较广的重要信息还要注重信息解读，及时组织相关专家进行科学阐释，并在公开时配套发布解读文件，使公众能够正确理解政府工作。另一方面，要抓好网络舆情收集、反馈和引导工作，对网民以发贴、留言等方式提出的关于反腐倡廉的相关问题要通过网络及时进行反馈和回应，耐心予以解答，及早发布权威信息，消除虚假言论，对舆论进行正面引导，防止谣言四处传播，危害社会稳定。

（四）培育创新人才，增强大数据网络反腐软实力

在信息化时代，利用大数据技术进行网络反腐，需要不断加大科研和培训力度，大力培育创新型人才，增强大数据网络反腐的软实力。一方面，要加大对大数据时代信息化建设人力和财力的投入，改善大数据网络反腐的技术条件，优化大数据网络反腐的环境，扩大监督的主体。加快信息基础设施建设，优化硬件建设，完善软件服务，特别是要加大对不发达地区和信息弱势群体人力和财力的投入，扩大网络惠及范围，普及网络知识，使民意具有更广泛的代表性，增强大数据网络反腐的广度和深度，为大数据网络反腐的发展打下坚实的物质基础和技术基础。另一方面，要培养高水平的大数据网络反腐工作人员，使其适应当今时代的要求，善于收集、分类、整理海量的反腐数据，不断提高数据分析、数据处理能力，去伪存真，挖掘真实的反腐信息，并对大数据网络反腐进程中可能出现的新情况、新问题进行充分研究，为大数据网络反腐的顺利进行提供技术支撑，保证大数据网络反腐系统运行的持续性和可靠性。

综上所述，大数据网络反腐已成为我国在互联网时代的一种党和政府反腐机构与广大人民群众反腐倡廉的新趋势，与传统的反腐败形势相比，具有鲜明特色。但其目前仍处于发展的初级阶段，还面临诸多挑战，需进一步完善。大数据网络反腐是新科技新媒体运用到反腐倡廉工作中的一项创新，是落实民主决策的有益探索，是进行社会舆论监督的重要途径。星星之火必成燎原之势，在党中央“与腐败水火不相容”的总体部署下，大数据网络反腐定将

踏上崭新的征程，迎来更大的胜利。

随着反腐败的深入，腐败案例的大数据已经形成。这个大数据，反腐部门掌握的应当是最权威最全的。媒体的数据分析毕竟局限于公布的简单数据，因而也很难进一步深入分析提炼。针对中央纪委监察部网站上公布的十八大以来的反腐情况，有媒体进行了大数据整理分析，从地域、领域、级别、年龄等提取了一些腐败特征。这种分析是有益的，至少让人们对这些“老虎”“苍蝇”有更具象的认识。

然而，这样的工作如果是由反腐部门来做，如此分析就过于粗浅。毕竟地域、级别、年龄的分类，对于反腐并无实质性的价值。对于反腐部门来说，最需要的，仍是从这些数据中找出腐败的新特点、新情况、新形式，进而上升到理性、规律性的认识，找到治腐规律，化为反腐决策，才是正道。

一切腐败现象背后，都有其共同的、规律性的东西起作用，都有腐败的共同“密码”可寻。找到这个密码，无异于找到一把反腐的钥匙。我们常说，腐败既要治标又要治本，进行大数据的科学分析，是走向治本的重要一步。

由此，我们对所需要的数据定性分析，就有了诸多问题先导。比如，第一次腐败是什么形态，什么时候由量变到质变，因为什么原因而被发现，腐败有些什么样的新情况，被发现是偶然还是制度的力量，制度反腐有什么样的漏洞，什么样的制度建构才能对这些腐败情形及时响应？诸如此类的定性、定向研究，才有反腐价值。

腐败被称为一个世界性的难题，就在于它总是不断突破现有制度的束缚，诞生新的形态。反腐，只有立足于源头治理才能铲除其土壤。显然，源头治理，不是坐在办公室里想出来的，而是来源于实际，来源于那些腐败分子用自己的腐败轨迹提供的数据和事实。面对这样的数据和事实，我们应当珍惜。在某种意义上说，这是我们付出代价才获得的，我们更应当用好这些数据，为源头治腐提供更多滋养。如此，我们才会少走些弯路。

第五章　大数据与产业转型升级

1. 大数据与资源配置

大数据，新的社会基础性资源

关于大数据有这样的生动描述：“大数据很忠诚，它真实记录人们的每个足迹，深藏功与名；大数据很任性，它的分析有根有据，拒绝流言蜚语；大数据很友好，它提供各种权威参考，它创造绿色经济，让我们的生活更美好。”哈佛大学社会学教授加里金曾说过：“庞大的数据资源使得各个领域开始了量化进程，无论学术界、商界还是政府，所有领域都将开始这种进程。”

正像前面提到的，世界已经进入由数据主导的“大时代”。我们生活在一个充满“数据”的时代，我们打电话、用微博、聊QQ、刷微信，我们阅读、购物、看病、旅游，都在不断产生新数据，“堆砌”着数据大厦。大数据已经与我们的工作生活息息相关、须臾难离。中国工程院院士高文说："不管你是否认同，大数据时代已经来临，并将深刻地改变着我们的工作和生活。"

2015年5月，习近平在给国际教育信息化大会的贺信中说："当今世界，科技进步日新月异，互联网、云计算、大数据等现代信息技术深刻改变着人类的思维、生产、生活、学习方式，深刻展示了世界发展的前景。"

"大数据经济"背后的逻辑，是中国经济悄然发生的"质变"。中国经济在增速放缓的情况下，就业率不降反增，一个重要原因就是政府自身进行了改革，推出一系列简政放权举措，引发小微企业、个体户井喷式增长。而这些企业、商户中多数人的经营业务都是依托于互联网展开的，都与数据有关，大数据正在孕育出更多的新业态。李克强指出："13亿中国人，八九亿劳动力，这其中如果有越来越多的人依托新业态发展，就会培育出中国经济发展的新'发动机'，也必将会对社会发展、人民进步造成深刻影响。"

大数据不只是一个产业这么简单。它在社会的各个领域中都无所不在，可以与N个产业"相加"，形成"大数据+"。如果说"互联网+"时代的传统产业与互联网，已从昔日的"+互联网"完成了"互联网+"的转变；而助力"+"地位转换的力量，则来自于大数据，来自于信息化的量变向数据化的质变。"互联网+"的本质是连接和数据。"大数据+"则是对"+"入互联网的个体的信息化深化——数据化。中国联通网络技术研究院首席专家唐雄燕说："数据已经成为一种新的经济资产类别，就像货币或黄金一样，将形成数据材料、数据探矿、数据加工、数据服务等一系列新兴产业。"2014年3月5日，李克强在十二届全国人大二次会议上作政府工作报告时说，要设立新兴产业创业创新平台，在新一代移动通信、集成电路、大数据、先进制造、新能源、新材料等方面赶超先进，引领未来产业发展。这是“大数据”首次进入政府工作报告，也表明其作为一种新兴产业，将得到国家层面的大力支持。

“数据是新的石油。”亚马逊前任首席科学家Andreas Weigend曾这样说道。在《大数据时代》一书中有这样的描述：

> 一分钟内，微博推特上新发的数据量超过10万；社交网络“脸谱”的浏览量超过600万……这些庞大数字，意味着什么？它意味着，一种全新的致富手段也许就摆在面前，它的价值堪比石油和黄金。事实上，当你仍然在把微博等社交平台当作抒情或者发议论的工具时，华尔街的敛财高手们却正在挖掘这些互联网的“数据财富”，先人一步用其预判市场走势，而且取得了不俗的收益。
>
> 让我们一起来看看——他们是怎么做的：
>
> 1. 华尔街根据民众情绪抛售股票；
>
> 2. 对冲基金依据购物网站的顾客评论，分析企业产品销售状况；
>
> 3. 银行根据求职网站的岗位数量，推断就业率；
>
> 4. 投资机构搜集并分析上市企业声明，从中寻找破产的蛛丝马迹；
>
> 5. 美国疾病控制和预防中心依据网民搜索，分析全球范围内流感等病疫的传播状况；
>
> 6. 美国总统奥巴马的竞选团队依据选民的微博，实时分析选民对总统竞选人的喜好。

对于不同行业，大数据有着其特有的意义与价值。在互联网行业，大数据指的是这样一种现象：互联网公司在日常运营中生成、累积的用户网络行为数据。以百度、阿里巴巴、腾讯等巨头为代表的平台型企业汇集了海量用户和商家，聚集成富有张力的生态系统。它们的大数据应用不再仅仅局限于企业本身，而是逐渐成为滋养整个大生态系统的血液。如果将阿里巴巴的大数据比作食材，那么自己用原料做菜，和将食材提供给其他厨师相比，二者对原料的关注度完全不同。互联网企业易传媒负责人表示，对于互联网企业来说，大数据意味着“能带来立刻购买与回报的数据”，即立刻能促进用户购买的数据。互联网企业本身就是数据制造者，并拥有海量的用户消费数据。同时他们拥有处理数据，以及挖掘数据的能力，这是他们产生利润的源泉。一面是互联网企业对于大数据的娴熟运用，另一面则是传统行业在新的大数据时代经营环境中被互联网企业彻底颠覆。

拥有庞大数据生态的阿里巴巴，已经积累了超过100PB已处理过的数据，等于104857600GB，相当于4万个西雅图中央图书馆，580亿本藏书。对于阿里金融来说，数据库就是其核心资产。基于采集到的海量企业数据，阿里前期会搜集包括商家平台认证和注册信息、历史交易记录、信用记录等结构化数据，以及用户评论等非结构化数据，同时还引入外部搜集的用电量、银行信贷等数据，做出放贷与否、放贷额度的精准决策。对于淘宝卖家，阿里会综合其每月的交易额、发货地址、手机号段、家庭住址、性别等数据，以作为信用评价的维度之一。通过对卖家进行定量分析，借助“淘数据”“数据魔方”“聚石塔”等数据产品，阿里巴巴精准转化与利用了平台上的海量数据。企业对于大数据的利用，本质上都是通过数据帮助品牌建立起对消费者的精准洞察。企业可以通过原有数据获得更多新数据，以此提升产品性能，实现产品更新换代。

数据挖掘产生的金融创新，正在深刻改变着传统金融机构的运作模式。银行掌握的客户数据比较单一，还有很多数据银行并没有掌握，比如用户每个月的水电煤气费、坐火车飞机的行程单，以及上网购物的足迹等。因此，如果银行能进一步丰富数据范围，全方位开发客户数据，对于银行开发更多的优质借款人，进一步识别风险都有好处。传统金融机构本身拥有数据，如果完全依靠自身的系统去挖掘与转化数据，成本非常高。因此，和互联网巨头合作是很好的方式。银行可以利用互联网企业的数据，开展各项服务，最终达成共赢的生态圈。

大数据时代，数据正在成为一种生产资料，成为一种稀有资产和新兴产业。任何一个行业和领域都会产生有价值的数据，而对这些数据的统计、分析、挖掘则会创造意想不到的价值和财富。面对大数据时代，正如习近平所强调的："机会稍纵即逝，抓住了就是机遇，抓不住就是挑战。"

大数据在社会资源配置中的意义

任何一项社会活动都打上深深的时代烙印，资源配置的过程也不例外。

资源配置是社会生产活动中最重要的环节。资源配置产生之初就和数据密不可分，大数据时代的到来更是为资源配置的最优化提供了最科学最有效最全面的数据信息。通过对数据点组成的数据空间的分析，将极大地改变生产效率，节约生产资源，提高经济总量。大数据时代带给社会各个层面的变革将是深入持久的。在新的形势下资源配置将会发生怎样的变化，大数据又在这一变化中发挥怎样的作用，如何利用好大数据让资源配置更优化，这是中国乃至整个人类社会当前面临的问题。

资源配置与大数据到底存在怎样的内部联系？面对这种内在联系我们又该如何把握与充分运用大数据？首先我们要思考，为什么要进行资源配置，或者说，资源配置的社会意义是什么？

应该说，资源的有限性和人类社会需求的无限性之间存在着永恒的矛盾，这个矛盾要求我们必须进行合理有效的资源分配，从而实现既定的社会发展目标。合理、高效的资源配置，可以使人们用有限的社会资源创造出最大化的价值，最大程度上满足人类生存和社会发展的需求。当前可以说人类社会的进步就是伴随着资源配置问题的解决的。资源配置的效率和合理的程度，构成了一个国家的核心竞争力。

再来看资源配置中的数据问题。在社会资源配置的过程中涉及到哪些数据？大数据技术能对资源配置起到什么样的作用？

首先来看，资源的种类和数量本身就是一个巨大的数据；其次，社会生产的各个环节、各行各业对资源的需求量又是一个巨大的数据；再者，社会消费者对各种产品的需求也是一个大数据。从中可以看出，社会消费者的需求才是社会生产者对资源需求的依据，而社会生产对资源的需求又是资源配置的依据，那么社会消费者的需求就是资源配置的根本依据。社会资源的有限性，决定了分配给各行各业的资源是有限的，分配给社会生产部门资源的有限导致生产产品与服务的有限，则提供给社会消费者的资源的有限，那么资源配置就决定着社会消费者的需求。

面对这样一个宽而大的数据，要想做到资源的有效分配，确实是一个重大的课题。也可以说这个课题即使到了今天还是一个巨大的难题。从以往中国实行的计划经济，到今天的社会主义市场经济，都是用不同的手段来更有效地配置资源，促进国家和社会的发展。

大数据时代的到来将为这个难题提供一种有效的方法。

举个最浅显的例子，当你发现出门就有出租车等着你，开车出门时自己可以在驾驶位上睡觉；当你再也不用按时起床上班了，不用去逛街购物；当你不再纠结你没有喜欢的衣服鞋等各种商品服务时，大数据已经在我们的身边了。可以说，当大数据时代带来的资源配置触手可摸时，你就会明白这就是大数据时代下的资源配置，这种资源配置更精准、合理，避免了巨大的浪费，最大限度满足每个人的个性化需求。

大数据是数据时代的数据指数增长的积累，依据资源配置的历史数据，抓取当下的即时数据，利用现代信息技术对如此之多的数据进行分析，从中就能总结出更加精准的数学公式，把握普遍性的规律，资源配置的效率就自然地提高了。

大数据正是因为它的大才具有优势。例如，现在的智能手机能够记录你出行的时间，要去的地方，在这一过程中花费了多长时间，在目的地你停留了多久，你任意时刻所在地的经纬度、海拔高度，还能记录你各种 APP 使用频率，进去网站搜索的内容。从中不仅能够分析出每个人的工作单位、家庭住址、从事职业、兴趣爱好，还能从中发掘国家机密场所、经济发展状况等信息。可以说，谁在未来掌握最大容量的数据，谁就能够更好地掌握世界的未来。

再例如，亚马逊网站能够通过对顾客点击某一类型产品的随机性来收集顾客对产品的满意度、需求度、喜好程度，对颜色款式面料以及产品上的花纹文字等等各类信息，得到大量的数据，并根据这些数据，生产出各种各样的个性产品来满足社会需求。

可以说，大数据相比传统数据条件下的资源配置而言更加具体化、个性化，打破了传统面与面的资源配置，而是形成了一种精准到了点与点、一对一的资源配置。只要有足够多的数据，人的一切行为都会被模拟出来，人的所有需求都能随着大数据时代与信息技术的深入发展而满足。

制造业过去面临生产过剩的压力，很多产品包括家电、纺织产品、钢材、水泥、电解铝等都没有按照市场实际需要生产，造成了资源的极大浪费。利用电商数据、移动互联网数据、零售数据，我们可以了解未来产品市场的需求，为客户定制产品。例如依据用户在电商搜索产品的数据以及物流数据，可以推测出家电产品和纺织产品未来的实际需求量，厂家将依据这些数据来进行生产，避免生产过剩。移动互联网的位置信息可以帮助了解当地人口进出的趋势，避免生产过多的钢材和水泥。

大数据时代下的资源配置，其实就是利用大数据的数据之多、包含之广、维度细分、交叉重叠之大等特征综合分析各类信息，建立起最优的分配原则、最佳的分配方法，以最小的资源浪费进行资源配置。

大数据的脚步继续向前，大数据时代的到来是数据量的激增，当大数据带来质的变化时，下个时代数据智能的到来肯定是大数据带来资源配置的最优体现，也许到那时候资源配置问题将不再是阻碍人类社会发展的主要矛盾。

大数据用于行业资源配置

2014 年，中国 GDP 中的消费占比已经超过了 50%，标志着中国经济正在向市场经济转型，消费占 GDP50% ~70% 是中等发达国家向市场经济过渡的一个表现，未来中国经济增长最大的引擎应该来源于消费，特别是个人消费。中国正在经历经济结构调整和城镇化，个人消费需求巨大，社会产品较为丰富，渠道也较为通畅，物流成本正在下降，运输能力正在提高。

但是中国的社会消费零售总额增加得还不够快，资源配置不平衡，社会整体消费水平还处于较低的水平。这些问题正在成为中国经济发展的难题，是企业和社会需要解决的问题。大数据的商业应用将会帮助企业解决这些问题；大数据的有效利用将会提高社会消费水平，将会帮助企业提高效率、洞察客户、增加收入。目前中国的大数据应用主要集中在征信和精准营销，这两个市场的规模加在一起不过两千亿，但是大数据如果同所有企业的商业需求相结合，其产生的化学反应将是巨大的，市场规模将会超过万亿。

百度连接了信息与读者，阿里连接了商品与消费者，腾讯连接了人与人。BAT 所有的连接都是建立在数据基础之上的，可以说，是大数据连接了一切。数据连接了消费者和商家，数据连接了客户习惯，数据连接了客户喜好，数据连接了位置，数据连接了时间和空间，数据连接了历史和现在。连接一切的大数据将会反馈所连接的事物、空间和时间，通过数据记录来反馈物体的移动、客户的消费习惯、个人爱好、行为习惯、活动轨迹、运动规律等。

重要的这些反馈数据能知道：你是谁、你在哪里、你喜欢什么、你在干什么、你的消费能力以及你未来的需求等。所有被反馈的事物都被打上了一个或多个数据标签，这些具有价值的标签经过整理和分析后，将会揭示事物之间的相关性和规律，将会为个人、商家、社会带来巨大价值。

正如上面提到的，电商可谓是最早利用大数据进行精准营销的行业。电商网站内推荐引擎将会依据客户的购买行为，进行关联产品的推荐。除了精准营销，电商还可以依据客户消费习惯来提前为客户备货，并利用便利店作为货物中转点，在客户下单后的短时间内，将货物送上门，提高客户体验。电商还可以利用其交易数据和现金流数据，为其生态圈内的商户提供小额贷款，也可以将此数据提供给银行，为中小企业信贷提供支持。由于电商手中掌握的数据量足够大、数据较为集中、数据种类较多，其商业应用具有较大的想象空间，包括预测流行趋势，消费趋势、地域消费特点、客户消费习惯、消费行为的相关度、消费热点等。依托大数据分析，电商可帮助企业进行产品设计、库存管理、计划生产、资源配置等，有利于精细化大生产、提高生产效率、优化资源配置。

交通是现代社会的动脉，交通资源配置是否合理对经济社会发展和人们生活有着重要影响。当前，从运输对象结构、运输量和运输网这三个交通运输中的重要衡量指标来看，我国经济社会发展对交通的需求正处于不断变化之中，交通资源配置也必须随着交通需求的变化不断调整。交通大数据应用主要在两个方面，一方面可以利用大数据传感器的数据了解车辆通行密度，合理进行道路规划。另一方面可以利用大数据分析来实现交通信号灯智能切换，提高已有线路运输能力。在美国，政府依据某一路段的交通事故信息来增设信号灯，降低了50%以上的交通事故率。大数据可以帮助机场安排航班起降，提高管理效率；航空公司可以利用大数据提高上座率，降低运行成本；铁路公司可以利用大数据安排客运和货运列车，降低运营成本。

房地产行业在过去为中国GDP贡献了很大力量，未来粗放型的房地产行业将会转向精细化经营，从选地到规划和从设计到建设，都需要参考当地的人口数据和消费者信息，进行科学决策；利用大数据商业应用加快房子销售速度，降低自身负债。房地产公司可以利用人群的手机位置信息来帮助企业进行开发规划、土地选址、商铺开发等。同时利用人群的用户画像信息帮助房产公司选择合作商户，提升消费人气，最终提高房产价值。

医疗服务是社会生活中不可或缺的重要环节。总的来说，医疗资源是较为稀缺的，对于有限的医疗资源进行合理、优化的配置极为重要。随着城市人口日益增加，人们对医疗服务的需求也在不断增加。但是，由于人口分布情况复杂、医疗资源有限都会导致医疗服务的严重供需矛盾。医疗网点的规划设计中，有一个重要的数据，就是病人的分布情况。在传统时代要获取这一情况是十分困难的。但是有了物联网一切就不同了。例如，可以将医疗传感装置配备给病患，从而完成对病患的分布监测。例如，美国就曾将传感器放置到哮喘病人的呼吸器上，监测病人的呼吸情况，同时加上 GPS 定位数据，就可以研究哮喘的触发原因、找出这一病症的多发地区，进行相应的预防。

为物流行业的资源优化大数据引发的变革

在物流公司的聚集地，人们常常会看到这样的情景，很多物流公司的大量车辆在园区的停车场处于待工状态，这些车辆有时候等上两三天配不上货也是正常的事，大大浪费了资源。基于大数据实现车货高效匹配，不仅能减少空驶带来的损耗，还能减少污染，有效解决公共信息平台上没有货源或货源信息虚假的问题，可谓一举多得。

先看看美国联合包裹服务公司（UPS）是如何用大数据优化送货路线的。UPS 配送人员不需要自己思考配送路径是否最优，UPS 采用 Orion 系统可实时分析 20 万种可能路线，3 秒找出最佳路径。例如，UPS 通过大数据分析做出了规定：卡车不能左转，原因是左转会导致货车长时间等待。所以，UPS 的司机会宁愿绕个圈，也不要往左转，听着也许荒唐，因为左转而绕远路的费时和耗油真的可以忽略不计吗？根据往年的数据显示，因为执行尽量避免左转的政策，UPS 货车在行驶路程减少 2.04 亿的前提下，多送出了 350000 件包裹。在未来，UPS 还将用大数据预测快递员将做什么并及时控制纠正问题。通过运用大数据，物流运输效率将得到大幅提高，大数据为物流企业间搭建起沟通的桥梁，物流车辆行车路径也将被最短化、最优化定制。

由于通过互联网技术和商业模式的改变，可以实现从生产者直接到顾客的供应渠道的改变。这样的改变，从时间和空间两个维度都为物流业创造新价值奠定了很好的基础。借助大数据不断优化库存结构和降低库存存储成本，运用大数据分析商品品类，系统会自动调用哪些商品是用来促销的，哪些商品是用来引流的，同时，系统会自动根据以往的销售数据建模和分析，以此判断当前商品的安全库存，并及时给出预警，而不再是根据往年的销售情况来预测当前的库存状况，降低库存存货，从而提高资金利用率。

可以说，通过大数据技术可以让全国物流业的布局相应地发生一系列调整。从过去生产者全国布局配送中心，逐步演化成为个性化订单，从顾客的需求向上推移，促使整个配送模式的改变。过去是供给决定需求，今后越来越多地从需求开始倒推，按照需求的模式重新设计相应的供给点的安排。这些都是因为大数据时代到来所产生的变革。

UPS 从 2000 年就开始使用预测性分析来检测自己全美 60000 辆车规模的车队，这样就能及时地进行防御性的修理。如果车在路上抛锚，则损失会非常大，因为那样就需要再派一辆车，会造成延误和再装载的负担，并消耗大量的人力、物力。以往，UPS每隔两三年就会对车辆的零件进行定时更换。但这种方法也造成了浪费，很多零件并没有什么毛病就被换掉了。现在，通过监测车辆的各个部位，UPS只需要更换需要更换的零件，从而节省了好几百万美元。有一次，监测系统甚至帮助UPS发现了一辆新车的一个零件有问题，因此免除了可能会造成的困扰。

随着供应链变得越来越复杂，如何采用更好的工具来迅速高效地发挥数据的最大价值，有效的供应链计划系统集成企业所有的计划和决策业务，包括需求预测、库存计划、资源配置、设备管理、渠道优化、生产作业计划、物料需求与采购计划等，将彻底变革企业市场边界、业务组合、商业模式和运作模式等，建立良好的供应商关系，实现双方信息的交互。良好的供应商关系是消灭供应商与制造商间不信任成本的关键。双方库存与需求信息交互、VMI运作机制的建立，将降低由于缺货造成的生产损失。部署供应链管理系统，要将资源数据、交易数据、供应商数据、质量数据等存储起来用于跟踪供应链在执行过程中的效率、成本，从而控制产品质量。企业为保证生产过程的有序与匀速，为达到最佳物料供应分解和生产订单的拆分，需要综合平衡订单、产能、调度、库存和成本间的关系，需要大量的数学模型、优化和模拟技术为复杂的生产和供应问题找到优化解决方案。

借力大数据优化煤炭行业资源配置

怎样挖掘数据、发挥其价值，并利用大数据打造行业竞争优势，已成为各行业正在探索的领域，煤炭行业也不例外。

在人们的固有思想中，煤炭行业是传统行业的代表。但是，发达国家早已从“煤炭时代”步入了“油气时代”。自2012年到今天，中国的煤炭产业经历着前所未有的困难。产能过剩、库存居高不下、煤炭滞销、需求低迷等诸多原因导致行业利润大幅缩减。缩减成本、向供应链要效益成为行业共识。大数据时代的到来为实现这一诉求提供了有力的工具。通过对煤炭供应链大数据的多角度、多层次分析，可有效对供应链上各要素进行优化与升级改造。中煤远大（北京）现代物流投资发展有限公司的实践恰好验证了这一点。

2003年，中煤远大运营了煤炭行业垂直门户——煤炭网（www.coal.com.cn），后又建立第三方煤炭电子交易平台——中煤远大智慧煤炭产业平台（www.coal.org.cn）。通过十几年在煤炭行业里的精耕细作，中煤远大积累了庞大的行业数据，并在此基础上创立了一套独有的煤炭供应链大数据模型。

“中煤远大对供应链大数据的分析和应用对煤炭贸易起到了实实在在的推动作用，”中煤远大运营总监许少辉介绍说，“举几个例子，中煤远大的‘全国煤炭交易数据库’现有12万条交易数据，汇集了全国80%以上的煤炭生产企业、贸易企业、消费企业的供求数据，能够快速为交易企业匹配客户。中煤远大的‘第四方物流运输调度系统’，有1万家从事煤炭公路、铁路、海运的物流企业，可根据不同交易的实际情况提供成本最优的物流解决方案。中煤远大建有全国煤炭库存预警系统，通过对各地区库存大数据的分析，能够比较准确地预测出煤炭需求，在做交易调度时，就可以重点向需求区域调度煤炭。中煤远大的‘用煤企业煤炭消耗统计系统’把全国70%煤炭消耗用户的每日、每月、每年耗煤量进行了统计，能够统计各个区域实际耗煤量，对煤炭销售流向做出指导。此外，中煤远大还有全国煤炭生产统计数据库、全国煤炭价格数据库、煤炭企业资信评级数据库、煤炭应收账款贸易融资数据库等各类交易大数据。中煤远大正是借助这些数据，完成每一笔从分析到实施的交易，实现了交易成本的最优化。”

可见，行业资源的优化配置可以通过对行业大数据的分析来实现。产能重复建设、运力重复建设、渠道重复建设，都增加了煤炭流通成本。而通过对这些数据的分析，寻找到最具优势的资源，并加以整合，利用规模化效应降低煤炭流通成本，提升效益，这就是煤炭供应链大数据应用的精髓所在。

“滴滴快的”通过大数据配置资源

2015 年 5 月 26 日四川省人民政府与腾讯公司在成都签署战略合作协议，就“互联网 +”达成全面深层合作。腾讯公司董事会主席兼首席执行官马化腾向四川的政府官员及企业代表阐述了在他眼中应该如何“全面进入互联网 +”。在他看来，“滴滴快的”即是“互联网 + 交通”领域的经典案例。

马化腾表示，“滴滴快的”通过大数据优化资源配置，让更多用户享受移动互联网的红利。他认为，只有移动互联网才会诞生出“滴滴快的”这样的公司，在技术和资本的支持下从打车软件发展到专车应用。通过精密的算法和强大的后台大数据调配能力，“滴滴快的”能够最大限度地满足乘客的出行需求，提升乘客的打车体验，同时提高司机的运营效率，节省了资源，并对环保工作是一个有益的贡献。

数据显示，“滴滴快的”出租车覆盖了全国 360 个城市 135 万司机，专车覆盖了 61 个城市 40 万司机，出租车日订单达到 400 万单，专车日订单最高 150 万单。针对专车行业的发展，马化腾给出了自己的建议。他在看来，“滴滴快的”不同于一些参与者，他们对司机和车辆有严格的审核流程。他希望交通部门在出租车和约租车之外，针对专车建立新的管理机制，引导其健康有序发展。目前“滴滴快的”的业务线包括出租车、专车、快车、顺风车和代驾。此前该公司首次对外系统阐述了产品线区分：帮助出租车专车化，通过“滴滴快的”整合运力，保证应答，驱动出租车进化；专车是为了让人们可以体面出行；快车是为了让人们便捷出行；顺风车是鼓励大家共享出行；代驾是帮大家找到一个司机。

大数据助推高校优化资源配置解决就业问题

就业是民生之本，大学毕业生就业更是一个社会各界广泛关注的焦点问题。造成大学生就业难的原因众多，例如，因为扩招而使大学毕业生数量增长过快，而适合大学生就业的岗位增长较缓；一二三线城市、东中西部对大学毕业生的吸引力差异较大，大学毕业生对机关事业单位、国有企业、民营企业、外资企业等选择冷热不均，造成有的单位“众人扎堆”，有的单位则“门可罗雀”。

化解大学生就业难题，不仅需要落实好原有政策，进一步建立健全就业政策体系，而且要拓展新的有效工具和途径。当前大数据正在推动思维变革、商业变革和管理变革，对大学生就业相关的海量数据信息进行分析、挖掘和利用，有助于大学生就业难题的化解。政府应该进一步完善基础信息资源体系，强化全国大学生就业相关信息资源整合，尽可能收集异源甚至是异构的数据，多角度验证数据的全面性和可信性，加强大学毕业生就业信息综合开发利用，建立健全大学生就业预警机制，提高就业管理应急调控能力。

有关部门一直把解决大学生就业摆在经济社会发展的重要位

置。2009 年国务院出台了加强高校毕业生就业的七项措施。2014 年国务院常务会议确定了进一步促进高校毕业生就业创业的政策措施。落实高校毕业生就业政策，已成为政府公共服务职能的重要内容，而信息技术可以成为支撑政府公共职能的重要手段。目前我国电子政务等领域信息化发展重点正从建设基础网络、应用系统、公共平台等转向深化整合应用、强化公共服务上来。智能设备的发展和普及，使海量的数据采集成为可能，而政府利用大数据技术，可构建高智能的社会管理中枢，推进基本公共服务均等化。

运用大数据促进市场发挥在资源配置中的决定性作用，帮助人力资源供需双方形成更理性的预期，减少就业矛盾。“十二五”期间，我国的就业压力从总量为主向总量压力与结构性矛盾并存转变。高校人才培养与社会需求间的结构性矛盾问题异常突出，即一批大学生难以实现就业的同时，另有一批用人单位难以招到适合人选。我国现有的经济结构与高校毕业生数量不匹配，产业升级创造中高端岗位的速度低于高校毕业生的增速，人力资源供给与岗位需求产生的不匹配，难以满足快速增长的大学毕业生的就业需求。另一方面由于信息不充分和信息不对称，一些大学生对市场需求信息获取不充分，没有形成稳定预期，处于高不成、低不就的困境中。有些行业的数据涉及上百个参数，难以用传统的方法度量与处理，而大数据通过数据挖掘技术，分析复杂海量数据的多源异构、多实体和多空间之间的交互动态性，更准确地预测经济和产业的未来发展变化，能更好地描绘就业需求的现状及未来变化态势，帮助大学毕业生理性地动态调整就业预期，以适合市场实际需求，从而减少大学毕业生的就业成本，降低用人单位的试用和培训成本，实现人力资源市场的多赢。

运用大数据可以帮助高校优化资源配置，将就业问题前置处理，增强大学毕业生就业能力，使大学毕业生更符合就业市场需要。目前各高校就大学毕业生的就业指导做了很多工作，但是目前的就业指导主要是针对毕业生的。如果培养大学生的整个周期都重视就业问题，将就业问题前置处理，就能更多地产出符合就业市场需要的人才。从某种角度来说，大学生可以视为高校的"产品"，其质量合格与否，需要接受社会和用人单位的检验。一名大学生从进校到毕业，其周期是四年或三年。也就是说，大学生这种"产品"的生产周期较长，而市场经济的形势是经常变化的，产业发展也存在周期性。同一个产业，今年繁荣兴旺，明年却有可能进入低谷。高校学科和专业设置的刚性较强，不可能年年动态调整，因此引起的供需结构性差异矛盾依然较突出。这就需要更强有力的工具方法，分析预测经济发展和市场的变化，并引导高校更富弹性地配置教学资源。对大学生就业相关数据进行收集、存储、计算、挖掘和管理，并通过深度处理技术和数据建模技术，使数据具有"智能"的技术能力，可帮助高校优化资源配置，引导人学生的学习内容适度灵活地调整，掌握更强的获取知识的能力及就业能力。

2. 大数据与国民经济各行业

大数据与工业制造

我国颁布了《中国制造 2025》，旨在复兴制造业。智能制造则是落实"中国制造 2025"规划纲要的一个重要环节。"对于国内制造业来说，智能制造的实现并不是对企业原有信息化建设成果的推翻，而是从工业大数据的视角对企业现有信息化成果重新定位，对企业的信息化规划进行定位和调整，以逐步实现向智能制造的过渡。”天津爱波瑞科技发展有限公司高级顾问刘钊表示，智能制造的基础是工业大数据的实现。

大数据时代本身可以看作对以往的工业化大生产的颠覆和超越。大数据时代的工业生产将是什么样呢？例如正在走向智能化生产的家电和汽车，通过在产品上安装传感器，汽车和智能家电可以将运行参数和运行状态传送到厂家的云平台，厂家可以了解其产品的运行状态，零部件的老化程度，帮助厂家及时更换故障器件，延长产品使用寿命，提高安全系数。其中，云计算和大数据处理平台将起到关键的作用。中国汽车市场的销售规模超过万亿，家电市场也有一万多亿。车联网和智能家电涉及的大数据应用市场也是巨大的，按照大数据商业变现高杠杆率的特点，其市场规模至少应该在百亿左右。

日前，工业大数据应用联盟在第十二届中国制造业管理国际论坛上正式成立。制造业国际联盟、美国智能维护系统中心、工业互联网联盟、中车集团、爱波瑞管理咨询集团等22家机构、企业代表共同参与了联盟发起仪式。“工业大数据应用联盟的最大价值是让大家了解什么是工业大数据，为企业培养工业大数据的人才，”爱波瑞管理咨询集团总裁、制造业国际联盟执行主席王洪艳介绍说，“我国对工业大数据的运用还在初期阶段，而一些国家已经开始尝试实践了若干年，借助联盟，可以将国外的经验和方法论借鉴过来，缩短中国制造与先进发达国家的差距。”

工业大数据是以工业系统的数据搜集、特征分析为基础，对设备、装备的质量和生产效率以及产业链进行更有效的优化管理，并为未来的制造系统搭建无忧的环境，使制造过程的信息透明化，提升效率，保障质量，并低成本、低资源消耗地满足客户定制化要求，让大数据为实体企业和其客户持续地创造价值。

工业大数据应用联盟平台将整合国际和国内工业大数据方面的优质资源，包括众多专家的理论、各企业家的实践经验等，总结归纳工业大数据在企业应用所需要具备的各方面能力，最终通过O2O培训、专家引入、企业应用指导、大数据综合分析解决方案提供的方式，助推企业实现由IT到DT的转型。

美国辛辛那提大学教授、美国智能维护中心主任李杰也表示，工业4.0时代中的制造将通过数据把终端客户与制造系统相连接，这些数据将自动决定生产系统的各个环节的决策，实现生产上下游环环相扣的整合。李杰以汽车为例做了一个预测：未来在驾驶过程中汽车或许将可以记录路面的平整情况，这些数据在系统内分享，提醒后面的驾驶者减速驶过一段坑洼的路面，随后这些数据被发送给市政管理部门，第二天再经过相同路段时发现坑洼的路面已经被修补好了。“这个例子离我们并不遥远，也许未来5年甚至更短的时间内就会成为现实。”李杰同时表示，“我相信工业4.0的中心将会在中国，因为中国不仅仅是世界第一的制造大国，更是世界第一的使用大国，无论是从制造设备还是从终端消费品来看，中国都拥有最庞大的使用数据。然而这些数据并没有被很好地分析利用，因此还只是潜力，并没有成为真正的竞争力。”

大数据“风控”与金融行业的未来趋势

“大数据”的出现将为金融行业带来多深远的影响？2015年3月28日的第五届中国小额信贷机构联席会年会上，多家P2P投融资平台与小贷的业内人士对于大数据是否会对金融行业带来革命性影响发表了看法，他们认为大数据是趋势，但目前的适用范围狭窄，主要适用于个人信用贷款的风控。大数据风控若要发挥更大作用还需要一些政府部门打破对数据的垄断，公开其掌握的数据。

国内唯一纯线上模式 P2P 平台拍拍贷 CEO 张俊表示："拍拍贷也曾采用过线下面审借款人的方式，但发现这一方式不光成本高，且不准确、不可靠，才逐渐发展为用大数据模型，纯线上的征信方式。"因这一模式的逐渐完善逾期率渐渐降低，张俊称他已体会到大数据确实可以给风控技术带来革命性的变化。FICO（美国个人消费信用评估公司）中国区总裁陈健表示："用大数据做信用评分的技术方式，能实现标准化、集约化、可控的数量化、精细化的管理。"他认为，"下一步，普惠金融行业获得信息风险管理能力的趋势将是依靠信用评分。"北京共鸣时代科技有限公司 CEO 陆雨泉认为："一些互联网征信公司提供的数据涵盖的内容很广泛，在互联网时代，只要一个人有互联网行为就没有什么隐私可言，基于这点，未来的风险管理方式一定是本着科技化的手段不断优化效率。"

但大数据做风控当前更多局限在个人信用贷款上。即使只用在个人信用贷款，张俊也承认若一个人在网上几乎没有数据，拍拍贷的大数据风控系统"魔镜"无法对其信用状况做出判断，他说："基于线上风控体系使用额度也有限制，拍拍贷之所以将借款的最高额度定为 50 万元，因为我们认为超过这一额度在现阶段不适用于大数据模型。并且，我们的大数据模型只能评判一个人的还款意愿，目前没有办法判断还款能力。"

当前，专注于个人信用贷款的 P2P 平台只有寥寥几家，大量 P2P 平台仍将贷款业务聚焦于企业，而大数据风控很难对企业贷款发挥作用。江苏金东小贷公司董事总经理嵇少峰表示："微贷可以靠大数据法则存活，但小贷不同，小贷所面对的大量小微企业财务不透明、风险多样、管理模式多样，这种情况下，很难用标准化的手段去解决。如果小贷可以标准化做，我们这些民间金融机构就没有生存的机会。"

张俊认为：一些政府部门未将数据公开是目前无法仅靠"大数据"判断一个人还款能力的原因之一。"如果我们国家房产数据库对社会开放，我就能便捷查到一个人的房产信息来判断他的财力。"嵇少峰也表达了类似观点，他认为：做大数据，数据来源很重要，但当前政府部门的数据割裂使得获取个人数据较难。"一个公司可能有四五套账，有账外销售甚至已经负债，这些都很难调查清楚。而国家很多行政审批环节做得并不透明，这当中的数据是互相隔离和封锁的。在这种情况下，很难准确取得数据。"贵溪市贵银小贷股份有限公司总经理刘来胜对此也表示了认可，他表示："政府的各职能部门对数据的管理是割裂、垄断的状态，核心数据是很难抓到的。在税务、海关等交通管理部门以及社保等所有职能部门信息是割裂、垄断的。如果利用大数据，势必要打破垄断的局面，要进行全面的整合。"

大数据助推小微企业成长

近年来小微企业的高速发展不容忽视，成为助推经济增长的一股重要力量。国家工商总局数据显示，截至2013年底，全国各类企业总数为1527.84万户。其中，小微企业1169.87万户，占企业总数的76.57%。

在国家提出"大众创业，万众创新"的今天，小微企业正在中国大地上蓬勃发展。但是，中国的银行业中存在的"嫌贫爱富”的传统观念、有形资产抵押的硬性要求、小微企业先天信用缺失，以及企业与银行信息不匹配等众多原因，造成了诸多小微企业“融资难”的重重壁垒。面对这样的形势，银行不得不开启挖掘小微金融这块“潜在宝地”的步伐。

2013 年 9 月银监会发布《关于进一步做好小微企业金融服务工作的指导意见》，针对做好小微企业金融服务工作出台了多项措施，其中包含建立针对小微企业的信用评审机制，探索发放小微企业信用贷款以及充分利用互联网等新技术、新工具，研究发展网络融资平台，不断创新网络金融服务模式等。

近年，随着天猫、京东、当当等电商平台的崛起，电商企业发生了带有时代烙印的变化，一改曾经以个体户为主的状态，逐步转为公司化经营，开始作为特殊企业群体在小微企业中不断发展壮大。这类企业由于缺少有形资产进行抵押，从而引发贷款难问题。对此，2014 年起，建行开始试行实施根据电商企业的平台交易记录、物流平台的发货记录以及银行资金往来记录进行授信的相关措施。这种贷款方式的综合融资成本低于 10%，且规避了必须在建行开户满两年的硬性要求。

据建行官网提供的信息，小微企业“信用贷”一般业务是指建设银行在综合评价企业及企业主信用的基础上，对资信好的小型微型企业发放小额的、用于短期生产经营周转的人民币信用贷款业务。前期建行的目标客户仅限于电商企业，初期计划寻找 10 家左右年销售规模约为 2000 万的企业进行试点。

风控是永远不会过时的话题，尤其对于纯信用贷款来说。由于众所周知的原因，例如公司财务管理不规范、健全的财务报表以及专职财务人员的缺失，都是电商企业获贷难的屏障之一。在 2015 年 4 月博鳌亚洲论坛的分论坛上，民生银行在《博鳌观察》

发布了一份《2014小微金融发展报告》，报告指出，29.6%的小微企业出现过无法按期偿还借款的情况，这部分企业中，51.1%选择协商延期偿还，36.1%通过后期筹资偿还。

数据出授信，更出风控。针对小微电商企业的贷款，建行并不是单打独斗，而是与第三方机构合作，其第三方数据采集机构的人员将根据电商的交易记录甄别交易的真实性，从而较为精确地判别企业提供数据的真实性。建行还为提供贷款的小微电商企业设定了“预警值”，如果该企业连续10天交易量低到一定程度，触发预警，银行方将会派人实地勘察企业经营现状，了解造成交易额过低的真实原因。

大数据为小微企业融资带来了新的方向，低成本、高效率、批量化、小额度的纯信用贷款模式正在传统银行里悄然成形，以担保和质押抵押贷款的传统模型、以财务报表信息为核心的传统理念正在逐渐被打破。“数据中出授信”的理念不仅体现了以事实为依据的思想，加强了市场在资源配置中的决定作用，同时，也让“诚信”成为企业未来最重要的品质。

发展健康大数据产业需标准先行

2015年10月25日，由曾益新、倪光南、孙九林、贺福初等20余位院士联合倡议，中国医药卫生事业发展基金会、工业和信息化部软件与集成电路促进中心、协和医学科学院、中日友好医院等单位发起的健康大数据产业技术创新战略联盟在北京成立。该联盟旨在统筹国家战略规划、科技创新、产业发展与国家行业治理等关键要素，构造中国健康事业的核心引擎，实施“互联网+健康”战略行动，促进国民健康水平得到全面提升。

中国科学学与科技政策研究会副理事长李新男在成立仪式上

表示，健康大数据产业应把产学研各方面技术创新要素通过市场机制，按照契约方式进行协同创新。由于产学研各相关单位数据分布式存储和标准各异，发展健康大数据产业需标准先行。

根据国务院发布的《促进大数据发展行动纲要》，大数据是以容量大、类型多、存取速度快、应用价值高为主要特征的数据集合，正快速发展为对数量巨大、来源分散、格式多样的数据进行采集、存储和关联分析，从中发现新知识、创造新价值、提升新能力的新一代信息技术和服务业态。

“大数据一定是跨界跨领域的，作为一种在实施创新驱动中建立起来的产学研结合的新型组织，联盟是跨界合作非常重要的组织形式。”李新男说。

李新男表示，当前我国正在加快实施创新驱动发展战略，同时政府职能转换也需要一种市场化的组织代替政府选择产业技术创新的发展，在这样的背景下，联盟这种跨界有明确创新目标的技术创新组织具有很强的活力。健康大数据产业技术创新战略联盟正是大数据与健康医疗的深度融合，必将拥有良好的前景。他建议，健康大数据产业技术创新战略联盟应把应用基础研究的成果和开发产业化、产品化、商品化连接起来，使得科学技术的成果真正能够恩惠全社会，变成社会宝贵财富。

用大数据引导农产品供销

2015 年 9 月 6 日，商务部等三部委印发了《推进农业电子商务发展行动计划》，强调将移动互联网、云计算、大数据、物联网等新一代信息技术贯穿到农业电子商务的各领域各环节，切实增强自主创新能力。

目前，随着农业的发展尤其是农村电商的发展，农业上下游的农资销售、农业生产、农产品流通数据以及与农业关联的土地流转、气象、土壤、水文等数据，均获得大规模积累沉淀，这些大数据将成为农业决策的“大脑”，纾解当前农业产业链因信息不对称产生的痛点，从而驱动农业向精准化、网络化、智能化转变。

大数据将在至少六大农业领域发挥作用：

其一，农业技术及农资流通数据。掌握农业技术能保障农产品高效、丰产，而基于农资流通数据的分析，则为农业经营者选择农资产品提供判断依据。种子、种苗的流通数据，亦可判断某个品类农产品的生产规模，为调整规模的依据。

其二，生态环境数据，包括气象、水文、土壤和病虫害、动物疫情数据。这些数据是农业日常经营调整农业用水、农业产品投入的主要依据，准确掌握这些数据将有助于做到精准种植、养殖，减少资源浪费和成本投入。

其三，土地流转数据。通过土地流转供求双方信息的对接，促使流转更高效率，减少一方撂荒、一方找地的情况出现。

其四，农产品价格与农产品流通数据。生产规模的调节、生产品类的调整，必须要事前获知农产品价格和各主产区的产销情况。另外，通过 B2B、B2C 电子商务平台促使农产品供求信息对接，能拓展销售市场，提高农产品价格。

其五，农产品质量可追溯数据。通过上述的农资使用数据、生产流通数据的整合，可构建出从农场到餐桌的可追溯数据，以消除消费者对农产品质量的疑虑，提高农产品的购买率。

其六，农业经营者征信数据。前述数据可纳入银行、农村信用社以及保险机构的征信系统，作为发放贷款、设置农业保险的信用依据，以此推动金融和农业的融合。

上述六大领域农业大数据的推广应用将降低交易成本，提高生产效率及产品品质，提升农产品交易效率。从本质上看，则是促进粗放分散式经营和规模化、集约化经营向精准化、智能化经营的转变。

农业生产是季节性很强的产业，它既关系到人们的吃饭问题，又关系到农业生产者的收入问题，是国计民生的大事。传统时代的农业，往往丰产不丰收，城里人吃不上、产区卖不出的现象屡屡发生。大数据将会给农产品的产销带来什么？

其一，是利用大数据技术，搜集和研究一定时期内各地种植同一农产品信息、市场需求及分布信息，根据这个信息来引导农民适度种植，避免盲目扩大规模。其二，是推广农产品错开上市新技术，避免瓜果都在一个时间成熟、在一个销售区域里扎堆上市，一阵风过后，市场上又一个水果都难寻觅。其三，是建立农产品电商平台，探索和拓宽多渠道的网络营销方式。

在瓜果主产区的佛山高明，在经历了上一年冬瓜大量严重滞销的事件后，2015 年当地冬瓜种植面积比往年减少了约三成，黑皮冬瓜售价大约为 8 角/斤，远高于前一年的 2 角/斤。结果，一边是冬瓜畅销、一边却是当地产的火龙果滞销，当地农户将大量火龙果倒入池塘。只要供大于求，果（瓜）贱伤农就无可避免。

由于农户对农产品产销信息往往是瞎子摸象，许多时候种果或种菜都要讲“运气”：一是靠天吃饭，一个霜冻或风雨灾害，就能让种植户血本无归；二是看市场风险，遇到价格高时一亩可赚上万元，价格低时连本都收不回。就在 2015 年初，广东惠州、江门等地又出现了马铃薯产量上升、价格暴跌的现象，许多农户任由其烂在地里，最终血本无归，让人同情又无奈。

农产品丰收不增收甚至亏本，这样的怪圈自 20 世纪 90 年代以来就轮番上演。事实上，市场在一定时间内对农产品的接纳量是有限的，要让农户真正做到赚钱，要么控制好供应量，要么就是错开上市时间。要让农产品稳赚不赔，一要运用大数据技术规避种植和市场风险，做到不一哄而上去种植，产品高位上市，才能笑到最后。二要开拓网上销售，走出本地本省和本国，才能做到东方不亮西方亮。

随着互联网和人工智能技术的发展，大数据时代已经到来。在大数据时代，农产品价格波动线索和市场供求关系，淹没在海量的信息中，需要运用大数据技术进行筛选和甄别。比如分析什么时候同一农产品集中上市，主要在哪里的市场扎堆，有什么品种和产地、品质之类竞争优势等信息，就能为农产品找到最佳上市切入点。

增收问题归根结底是如何平衡供销，最终要落在市场信息与种植规模的有效对称上。政府在这方面应提供三个帮助：一是利用大数据技术，搜集研究一定时期内，各地种植同一农产品信息、市场需求及分布信息，引导适度种植，避免盲目扩大规模。当产品远大于市场需求时，纵有七十二变的本事也不能扭转亏本贱卖的局面。二是推广农产品错开上市新技术，避免瓜果都在一个时间成熟扎堆上市，过后又一个水果都难寻觅。三是建立农产品电商平台，探索网络营销渠道，让供求双方在国内外市场大显身手，获取的利润更高。

大数据如何帮助我们了解气候变化

美国航空航天局（NASA）有一个气候模拟中心（NCCS），这个中心拥有一个名为“探索号超级计算机”的计算机集群，它主要被用于提供必要的高性能计算和存储环境以满足NASA科学项目的需求。“探索号计算机”正在开展一系列科学项目，而其大部分计算和存储资源被用于天气与气候研究。

“探索号计算机”是一种高性能计算机，专门为极大规模紧密耦合的应用而设计，是硬软件紧密结合和相互依存的系统。气候变化模型需要具有大量存储和数据快速接入且数据不断增加的计算资源。为满足这一要求，“探索号计算机”由多个不同类型的处理器组成：79200 个英特尔 Xeon 核心、28800 个英特尔 Phi 核心和 103680 个 NVIDIA 图像处理器（GPU）CUDA 核心。它的总计算能力为 3.36 万亿次，或每秒 3，694，359，069，327，360 次浮点运算。为使大家更好地理解这一规模的计算能力，我们打这样一个更为形象的比方：假如地球上所有的人以每秒将两个数字相乘的速度，连续计算 140 个小时，这样大的一个运算量，该计算机可在一秒钟内完成。

除了超强的计算能力外，“探索号计算机”还具有约 33 拍字节（petabyte）的磁盘存储空间。典型的家庭硬盘容量为一兆兆（terabyte）字节，这样算来，该计算机的存储能力相当于 33000 个家庭硬盘的容量。如果用它存储音乐的话，你可以编排一个长度超过 67000 年而不重复的演奏清单。

NCCS 还定期对“探索号计算机”进行升级，例如 2014 年底至 2015 年初利用升级的计算机群取代了“探索号计算机”2010 年升级的设备，升级后的 NCCS 可将计算能力提高约 7 倍。退役设备通常会转变用途，用于内部支持和其他业务或大学等外部站点。

NCCS 所计算和生成的数据，使人们能够对地球气候变化的趋势及影响掌握得更加精准，有助于决策机构针对气候预测制定出适用战略与行动。例如，该数据已被用于气候变化专门委员会（IPCC）推出的评估报告。

2005 年，袭击了美国墨西哥湾沿岸的“卡特里娜飓风”更突显了准确预报天气的重要性。虽然这次飓风造成了巨大损失，但如果没有事先的预警给人们留出的适当应对时间，损失会严重得多。

目前，NCCS 的超级计算机主要负责 GMAO 全球环流建模，其分辨率比“卡特里娜飓风”时提高了 10 倍，能够更准确地观察飓风内部，从而对其强度和规模做出更精确的估计。这意味着气象学家能够更深入地了解飓风的走向及其内部活动，这对于“卡特里娜飓风”这一类的极端天气做出成功预警、进行更有针对性的应对工作至关重要。观测系统模拟试验（OSSE）还利用全球气候模型的输出成果模拟 NASA 提出的下一代遥感平台，向科学家和工程师提供了虚拟地球，以便在制作新的感应器或卫星之前研究大气遥测的新优势。

美国科学界所取得的一系列成果，让人们看到了未来科技重新与自然界“对话”和交流的希望，给人类解决自然灾害、利用气候资源带来了巨大的前景，给包括中国在内的世界各国在大数据应用领域展示了一个广阔的前景，相信在不远的将来，中国也将在相关领域取得极具价值的成果。

第六章　大数据时代的公共治理

1. 大数据与智慧城市

大数据与现代城市管理

城市运行的每时每秒都会产生大量的数据，包括结构数据，如常用的 Excel 软件所处理的数据；又包括非结构化数据，如网络日志、视频、图片、地理位置信息等。构建高效的城市运行监测体制是收集城市运行中大数据的重要手段。城市运行监测依托宽带城域网和无线通讯网络，利用现代通讯（卫星、移动电话、集群电话）、计算机网络（因特网、局域网、广域网等）、3S 技术、传感器等软硬件架构，将有关城市管理的专业系统集成于若干个平台，实现实时收集、处理各终端和节点产生的海量型数据的功能，并实现数据的共享。

例如，深圳环卫部门为实现对道路清扫和城市生活垃圾收运作业服务的企业进行信用管理，对垃圾运输车辆进行 GPS 实时监控，提高全区道路清扫保洁和城市生活垃圾收运作业服务水平。北京公交一卡通每天产生 4 千万条刷卡记录，地铁每天 1 千万人次，分析这些数据可改善城市交通状况；城管指挥中心对重点地区进行 24 小时不间断图像监控、取证，及时发现问题，解决问题；城管无线通讯系统总调度，监控日常整个无线通讯系统的正常使用，通过无线调度台操控、GPS 车辆定位系统来调动各级城管执法人员对违法行为进行查处，实现快速反应；对联勤的人员进行规范管理，可设定从 5 秒至 10 分钟向中心报告一次位置信息，超出联勤范围时自动向值班中心预报，有效监督队员动态。城管热线 24 小时受理群众举报投诉，通过城管专网下发任务单并对处理过程进行全程监督。昆山市对实施区域内 360 公里道路进行了移动街景量测，获取了 200 多万张街道实景照片，可以准确测量部件的几何尺寸。

随着我国城市化进程的加快，城市管理的对象和范围也更加复杂，如水、电、气、通讯的保障，城市交通的通达，环境卫生的保障，防灾防火防盗，突发性事件响应管理等。在各类基础数据的基础上构建风险管理体系，可以进一步提升城市管理水平，消除安全隐患和实现快速反应。近几年数字化城市管理正在兴起，为智慧城市的建设奠定了基础。数字化城市管理作为一张网格化的虚拟物理平台，借助现代信息技术将包括城市自然资源、社会资源、基础设施、人文、经济等有关城市的各方面信息，收集上传到信息中心，然后由云技术将各种信息以数据的形式进行储存，这就形成了大数据系统。再由信息中心通过对大数据的分析处理，传递到有关部门督促处理、有效利用。

（一）大数据有助于改善城市环境

城市化使城市废弃物和生活垃圾与日俱增。中国每年产生的垃圾在亿吨以上，且增长迅速。同时，城市工业、交通业的发展，使得矿物燃料消耗增长，导致大量的有毒气体、烟尘和粉尘排入大气。据北京卫生局统计，北京市肺癌的发病率在成倍提高，这与PM2.5有着直接的关系。因此，环境治理问题迫在眉睫。我们提倡提前预防、及时发现以及高效处理，这就需要现代信息技术的支持，通过智慧系统来进行源头分析、现场监测、过程控制及预警预报。因此，需要充分利用数字化信息处理技术和网络通信技术，将影响城市环境的各种数字信息及信息资源加以整合并充分利用，使城市生态环境复杂系统数字化、网络化、虚拟仿真，通过对收集到的大数据进行深入分析及处理，实现可视化，从而为政府环境治理决策提供科学依据。

例如，可以通过监测数据，分析PM2.5有多少是由扬尘带来的，有多少是由机动车排放的，有多少是由供暖系统带来的等等。可以和气象预报系统紧密结合，出现污染预兆时可以及时采取关闭污染源的预案。北京海淀区实现了基于数据的精细化管理，借助地理信息平台（GIS）将收集到的基础数据进行综合查询，统计和直观展示。实现对全区7大类102小类140万个基础数据和三中心整合系统100余万条案件数据的全属性、多方式查询和地图展示。这为分析解决海淀区环境秩序整治问题提供了详实可靠的数据支撑。全区2000余个视频摄像头点位的多方式地图查询，可实时调取相关图像，并实现全图层数据关联。通过各个图层数据的调取和叠加，深入挖掘，使隐藏在这些数据背后的价值从不同角度得以呈现。如此，可通过系统地图精确地展示全区乱倒乱卸垃圾渣土问题在各街道乡镇内发生的频率及关键点位，从而为区政府全面掌握和重点解决该类问题提供有力的信息支撑。再如，通过全区垃圾箱部件数据与暴露垃圾问题的图层叠加，可以分析出垃圾箱配置不合理等问题。

（二）大数据有助于缓解交通压力

汽车从诞生之日起就被视为自由的象征，但是它的发明者应该没有料到，如今汽车却掉入了一个物极必反的逆转定律——人们几乎把时间都浪费在了堵车和等红绿灯上。《IBM 全球交通痛苦指数报告》显示，北京以 99 分的超高分数被列入全球出勤交通最痛苦的城市。交通拥堵已成为影响北京城市运行效率与居民生活的突出问题，交通基础设施承载力严重超负荷，公交系统交通承载已饱和。但与此相对应的事实是，在全球各大城市中，北京的人均汽车拥有量和绝对数量都不算最高。毫无疑问，问题出在了道路交通的设计规划和管理上。大数据时代的到来为解决交通问题开出了药方。与传统的数据收集方式不同，云时代的大数据通过对数据实时收集和分析，得以实现个人出行的个性化、方便化、智能化。

目前，上海正在构建通过物联网技术支撑的公共汽车运行信息发布系统，市民可以利用智能手机查询公交线路和实时运行信息。无独有偶，南京市基于强大的云平台运行智慧交通云系统、云视频监控和智能分析应用，实时采集和处理南京 1000 个摄像头，并对整个南京 140 万机动车规模的交通数据进行实时查询和分析，并主动报警、主动通知用户。

交通综合信息平台的建设，汇集了道路交通、公共交通和对外交通的静态和动态信息，建立了道路交通诱导系统，引导车辆选择合理的路径。大数据能够为政府提供重大项目决策事项的判断依据，加强实时预警研判，提升公众出行服务水平的品质，提供准确可靠的交通预测信息，有效地缓解交通拥堵状况，还可吸引更多人使用公共交通，改善出行结构，减少私家车出行。北京的空气状况近几年每况愈下，如果能解决交通拥堵问题，不仅经济效益能得到提升，而且城市的空气质量也能得到改善。

（三）大数据有助于完善应急系统

据统计，我国每年因自然灾害、事故灾害和社会安全事件造成上百万人伤亡，经济损失6500亿元左右，占我国GDP的6%。当社会发生犯罪、火灾、爆炸等各种警情，群众医疗急救、煤水电抢修等各种紧急求救事件，地震、火灾、海潮等突发自然灾害，以及社会动乱、战争等各种重大紧急事件时，需要政府统一协调、统一调度相关部门协同工作。随着社会的不断进步，社会发生紧急突发事件的种类更加复杂与多变，传统的应对机制已不能适应日益增多的紧急突发事件处置的需要。

城市应急联动系统集成有线通信调度系统、无线通信语音调度系统、计算机骨干网络系统、综合接处警系统、语音记录系统、视频图像系统、城市地理信息系统、移动目标定位系统、移动通讯指挥车系统、机房监控系统、电源系统等为一体，具有指挥调度功能。通过对这些技术手段获得的大数据进行收集、处理和分析，使得应急事件的报警、求助、投诉电话实现统一接警、快速反应、联动处警。

新媒体的出现进一步完善了城市应急系统。在2012年的“7·21”北京暴雨发生时，由于求救人数众多，救援电话被打爆，被困人员无法从官方获得帮助，从而转向微博平台进行求助。通过微博中包含人物、时间和地点等简要的文字信息就可以判断救援所需。另外，在微博上添加位置数据还可以实现地图定位，为救灾提供更精确的信息，提高救灾的效率。雅安地震中，除了微博再次凸显新媒体传播优势外，微信群及各大互联网公司推出的寻人平台也为救灾提供了多渠道支持。但各大网站数据并不互通，而且数据的低精确度和低效成为最大弊端。若要发挥数据的最大价值，数据必须是在线、公开、共享、互联、相关的。由此看出，数据的公开和共享是一件有必要且有待解决的事情。

（四）信息共享下大数据对城市管理的促进作用

过去不具备解决信息资源共享问题的网络和技术条件，造成了城市建设中的“信息孤岛”现象。对于现存的“信息孤岛”，最切实可行的办法就是“整合”。提高政务信息资源公众开放率，逐步开发公益信息资源，充分利用市场信息资源和数字信息资源，建成一批门类齐全的信息资源数据库，即大数据。可以提高教育、科技、医疗、社会保障、文化建设等方面的信息技术应用水平和服务能力，从而推进社会公共服务事业蓬勃发展。

政府各个部门的既有数据库可以实现高效互联互通，以提高政府各部门间协同办公能力，提高为民办事的效率，大幅降低政府管理成本。例如我国每年领取养老金的人数多达 1.8 亿，相当一部分领取人去世后，其亲属或朋友仍继续领取，给国家造成巨大的财政损失。借助于大数据技术，将城市的医院、民政部门、社保部门、财政部门等相关管理机构的数据进行有效整合和关联，领取人去世后，其死亡信息会第一时间在城市核心数据管理库中更新，财政部门在发放养老金时对领取人的最新情况一目了然，从根源杜绝盗领冒领等问题。由此可见，大数据可极大提升政府社会管理的“智慧”水平和科学决策能力。对基础数据库中的海量数据进行管理、维护并深化应用价值，变海量数据为真正的有效数据，使数据为实际工作服务，为精细化城市管理提供依据，为科学决策提供有效支持，这些都成为信息化城市管理新模式在实际运行中遇到的迫切需要解决的问题。

智慧城市，现代化城市的2.0版

城市建设步伐的不断加快使得我国城市管理日益受到政府及社会高度重视，但与加快推进城市化的形势相比，依然存在许多不容忽视的管理问题：城市规模的无限制扩大，城市人口的迅猛增长，使城市化过程中出现了严重的问题，如环境污染严重、交通拥挤、社会秩序混乱等。面对如此之多的问题，城市管理水平就决定了城市化发展的进度和质量。因此，要使城市管理更加智慧、更加有效，智慧城市建设显得尤为重要。智慧城市的实现需要通过全面感知、信息共享和智能解题，在城市规划、建设、管理、运行的过程中，运用信息化、智慧化、精细化、可视化等科技手段，推进管理创新。

随着互联网、新媒体的不断涌现，以及云计算、物联网等技术的兴起，数据正以前所未有的速度不断地增长和累积，形成如今我们所热议的大数据。它具有规模性、多样性、高速性和价值性四个特征。大数据正在改变我们的生活、工作和思维，为人类社会的发展带来了一次重大的时代转型。作为一种重要的战略资产，大数据已经不同程度地渗透到每个行业领域和部门，其深度应用不仅有助于企业经营活动，还可通过对城市信息的智能分析和有效利用，为提高城市管理效率、节约资源、保护环境和可持续发展提供决策支持，有效促进城市系统各要素间的和谐相处，从而提高城市管理水平，促进智慧城市的建设。

现代城市是工业化的结果，而智慧城市则是信息化的产物，智慧城市可谓是现代化城市的2.0版。在过去工业化背景的社会大生产条件下，城市的意义就在于生产和生活的规模化、协同化。到了今天，新的智慧城市的概念追求的则是集约化和智能化。中国近几十年来经济高速发展，经济建设取得了巨大成京，但是单纯追求GDP增长所带来的负面效果也越来越突出，例如，生态环境污染、城市急剧扩张、食品安全等问题。可以说在很大程度上为了经济增长，而忽略了社会生活中人的本位。与大数据相结合的智慧城市建设将力图摆脱传统城市治理的旧习，利用科技新成果，激活城市的禀赋与活力。

以信息为决策依据、以价值为决策导向、以民众为施政本位，这便是智慧城市的建设理念。安东尼·汤森的《智慧城市》[①]在理论和案例范本上为人们引领了智慧城市未来的方向，而如何在互联网浪潮中有效融合这些历史性的力量，利用最新技术最大限度造福人类的探索还刚刚开始。

大数据对于未来的智慧城市建设有什么样的意义呢？在以往政府城建部门拟定城市建设规划的时候，事先往往有很强的主观规划性，有很强的人为组织性，是抽象地为人民服务。很多决策，并没有一个专业的系统来校验其价值和意义。到了智慧城市发展阶段则大大不同。智慧城市首先要建立一个专业化、数据化支持的价值衡量系统，也就是建立一个目的和手段链接在一起的系统，这便是大数据的价值所在。进一步说，到底我们先做什

---

①［美］安东尼·汤森（Anthony Townsend）：《智慧城市：大数据、互联网时代的城市未来》，赛迪研究院专家组译，中信出版社，2015年1月出版。

么、后做什么、怎么做、为什么要这么做，都是“有据可循”的。由此，未来的城市建设将不会把资源浪费在一些决策者以为需要、事实上民众不需要的事情上，这才是最为扎实的讲实话、办实事，切实有效地为人民服务。

大数据是智慧城市各个领域都能够实现“智慧化”的关键性支撑技术，智慧城市的建设离不开大数据。建设智慧城市，是城市发展的新范式和新战略。大数据将遍布智慧城市的方方面面，从政府决策与服务，到人们衣食住行的生活方式，再到城市的产业布局和规划，直到城市的运营和管理方式，都将在大数据支撑下走向“智慧化”，大数据成为智慧城市的智慧引擎。

欧盟利用大数据实现智慧城市的做法给我们很多启示。欧盟对智慧城市的评价分为六个方面：智慧经济、智慧治理、智慧生活、智慧人民、智慧环境、智慧移动性。也就是说智慧城市要促进经济的发展，要改进和帮助更多大众的参与，让老百姓享受智慧的生活，人民得到更好的服务，居住环境更加优化。智慧城市的应用很广泛，我们都知道有物流、交通、电网、工业、农业、建筑、环境、医疗等方面。现在要讲的是，智慧城市本身会催生大数据，我们可以看到一个企业会涉及到很多环境，管理环境、开放环境、知识环境、服务环境，过去这些环境的关联度不够，现在通过数据库能够使得这些环境联合起来，使得企业的效率提高40%—60%，根据赛门铁克的一份最新调研报告，今天全世界所有企业的信息存储总量已达2.2ZB，企业平均10PB，大企业更大点，小企业小点。一般企业都会建立数据库，必须进行数据的集资和数据的挖掘，企业的数据在企业内部已经占有很重要的位置。

（一）智慧经济

在商业上，企业可以通过大数据分析用户的购物行为，什么商品搭配在一起会卖得更好。很多公司通过分析找到了最佳客户，比如淘宝数据魔方是淘宝平台上的大数据应用方案，商家通过这个应用方案可以了解淘宝平台上的行业宏观情况、自己品牌的市场状况、消费者行为情况等，并可以据此作出经营决策。

美国有个投资公司分析了全球 3.4 亿微博账户留言，判断民众情绪，人们高兴的时候会买股票，而焦虑的时候会抛售股票，依此决定公司股票的买入或卖出，该公司今年第一季度获得 7% 的收益率。

阿里公司根据在淘宝网上中小企业的交易状况筛选出财务健康和诚信的企业，从而无需担保来放贷，目前已放贷 300 多亿元，坏账率仅 0.3%，大大低于商业银行。

企业通过信息收集很好地掌握企业的运营状况。通过分析居民与财务有关的记录包括贷款申请、租赁、房地产、购买零售商品、纳税申报、水电费缴付、有线电视缴费、电话缴费、报纸与杂志订阅、机动车档案等，能够得出消费者的个人信用评分，从而推断客户支付意向与支付能力，发现潜在的欺诈。

IBM 日本公司建立了一个经济指标预测系统，从互联网新闻中搜索影响制造业的 480 项经济数据，计算出采购经理人指数 PMI 预测值。

印第安纳大学学者利用 Google 提供的心情分析工具，对 270 万用户在 2008 年 3～12 月所张贴的 970 万条留言，挖掘出用户 happiness、kindness、alertness、sureness、vitality 和 calmness 等六种心情，进而对道琼斯工业指数的变化进行预测，准确率达到87%。

利用大数据分析可实现对合理库存量的管理，华尔街对冲基金依据购物网站顾客评论分析企业产品销售状况，华尔街银行根据求职网站岗位数量推断就业率。

（二）智慧治理

美国纽约的警察分析交通拥堵与犯罪发生地点的关系，有效改进治安。美国纽约的交通部门从交通违规和事故的统计数据中发现规律，改进了道路设计。

利用短信、微博、微信和搜索引擎可以收集热点事件与舆情挖掘。

电信运营商拥有大量的手机数据，通过对手机数据的挖掘，不针对个人而是着眼于群体行为，可从中分析：实时动态的流动人口的来源及分布情况；出行和实时交通客流信息及拥塞情况；利用手机用户身份和位置的检测可了解突发性事件的聚集情况。

MIT的Reality Mining项目，通过对10万多人手机的通话、短信和空间位置等信息进行处理，提取人们行为的时空规则性和重复性，进行流行病预警和犯罪预测。

（三）环境监测

对城市的河流进行采样，通过卫星发布，收集大量的数据，通过这个数据分析能够判别城市中有没有污染。

（四）智慧医疗

智慧医疗（smart health-care）诞生于IBM 2009年提出的“智慧地球”概念。根据IBM提供的数据，上海市卫生信息系统，每天生产1000万条数据、已建立起3000万电子健康档案、每天调阅10000万次，信息总量已达20亿条。随着大数据时代的到来，医疗行业的信息化也迎来自己的“大数据时代”。我国互联网（智慧）医疗已经历探索期，现已步入启动期，市场高速增长，商业模式将不断清晰完善，细分领域龙头初现。而随着智慧医疗的建设，目前国内医疗成本高、覆盖面低等问题也解得到逐步的缓解。

随着科技的发展，医疗行业将融入更多人工智慧、传感技术等高科技，使医疗服务走向真正意义的智能化，推动医疗事业向智慧化发展。即时检测POCT（Point of Care Testing）技术是指一类可在事发现场即刻进行的检测技术，因其不需要固定的检测场所和贵重设备，可在家中或床边现场随时使用，受到医生和患者的普遍欢迎。目前，市场上最为大家熟知的POCT检测医疗器械有血糖仪、血压计、早早孕和排卵试纸，但是种类不多，还远不能满足人们对POCT技术的需求。随着手机技术的迅速发展，已有越来越多的物理传感器被安装在手机上，如高清摄像头、红外感应器、压强计、感光器、感温器等等。

（五）智能搜索

除此之外，我们还通过网络进行学习。早期的网络学习是通过网站专业人员编制的内容，如今我们希望能够实现更加智能的搜索。随着移动互联网的出现，搜索引擎会变成基于语音的智能搜索、基于位置的搜索和基于个性化的搜索。

（六）舆情监测

大众传播发展得很快，这里包含着大量的数据，例如微博传播具有裂变性、主动性、即时性、便捷性、交互性、草根性、跟进性和临场感，每一个微博用户既是“服务器”，也是“受众”。中国的微博比社交网络更热，因为140个字符的微博在英文和中文里分别约等于25个和85个英语单词，即中文微博的信息量是Twitter的3~4倍。最近两个月在YouTube上上载的视频超过了ABC、NBC和CBS电视台自1948年以来24/7/365连续播出的内容，而“云平台+多屏融合”模式已成为智能家居和智能车载等的发展方向。

（七）精准营销

美国信用营销分析专家张川表示，在大数据分析的应用上，美国政府和大公司领先新兴国家至少20年。15年前，美国的信用卡公司就可以进行数据挖掘实现精准营销：在合适的时间，通过合适的渠道，把合适的营销信息投送给每个顾客。

（八）犯罪预警

随着智能电话和电脑网络的普及，美国政府和大公司把自己的触角伸到个人生活的每个方面。美国个人的一切在线行为数据都被收集储存，再加上已被有关机构掌握的个人信用数据、犯罪记录和人口统计等数据，有关公司和政府机构可以运用数据挖掘的办法，监控和预测个人的行为，并做出相关决策。

（九）全球安全监测

如美国已具备对全球网络空间的监视控制能力。斯诺登披露的“棱镜”计划，缘于美国政府的“星风”监视计划。2004年，布什政府通过司法程序，将“星风”监视计划分拆成由国家安全局执行的4个监视计划，除“棱镜”外，还包括“主干道”“码头”和“核子”。其中，“棱镜”用于监视互联网个人信息，“核子”则主要负责截获电话通话者对话内容及关键词，“主干道”和“码头”分别对通信和互联网上数以亿兆计的“元数据”进行存储和分析。“元数据”主要指通话或通信的时间、地点、使用设备、参与者等，不包括电话或邮件等的内容。

（十）市场价格监测

肯尼思·丘基尔是《经济学家》杂志数据编辑、《大数据：一次将改变我们生活、工作和思考方式的革命》一书的合著者之一，他日前在美国《外交政策》杂志掀起一场有关“大数据时代令隐私保护问题更加突出”的讨论。丘基尔举例说，警方如果要侦破一个城市的加油站是否存在合谋操控价格的“卡特尔行为”，以往要靠线人举报。但今天，可以做大数据分析——分析该市油价变化和加油站分布情况。通过分析，可以发现正常的价格变化规律，如果价格变化持续异常，就可以怀疑存在价格垄断的行为。丘基尔认为，大数据的价值在于存储后的再使用。不过，关键的一个问题是，收集、保存一切信息，与隐私保护政策是有冲突的，“保存一切信息是必要的，但是在这么做之前，我们有必要问自己一个问题，即现行的隐私保护政策是不是妨碍了我们正在迈入的大数据世界”。丘基尔提到，社会有必要就此进行大辩论，以便为大数据时代的隐私保护划定新的边界。

大数据，破解大城市交通难题

目前，大数据在交通中的应用主要有以下几种方式：

公共交通部门发行的一卡通大量使用，因此积累了乘客出行的海量数据，这也是大数据的一种，由此，公交部门会计算出分时段、分路段、分人群的交通出行参数，甚至可以创建公共交通模型，有针对性地采取措施提前制订各种情况下的应对预案，科学地分配运力。

交通管理部门在道路上预埋或预设物联网传感器，实时收集车流量、客流量信息，结合各种道路监控设施及交警指挥控制系统数据，由此形成智慧交通管理系统，有利于交通管理部门提高道路管理能力，制订疏散和管制措施预案，提前预警和疏导交通。

通过卫星地图数据对城市道路的交通情况进行分析，得到道路交通的实时数据，这些数据可以供交通管理部门使用，也可以发布在各种数字终端供出行人员参考，出行人员可据此来决定自己的行车路线和道路规划。

出租车是城市道路的最多使用者，可以通过其车载终端或数据采集系统提供的实时数据，随时了解几乎全部主要道路的交通路况，而长期积累下的这类数据就形成了城市区域内交通的“热力图”，进而能够分析得出什么时段的哪些地段拥堵严重，为出行提供参考。

智能手机已经很普及，多数智能手机都会使用地图应用。大多数用户始终打开 GPS 或北斗定位系统，地图提供商将收集到的这些数据进行大数据分析，由此就可以分析出实时的道路交通拥堵状况、出行流动趋势或特定区域的人员聚集程度，这些数据公布之后会给出行提供参考。

媒体报道，以车联网为例，专家的理性分析告诉我们：一个城市，如果把车和车、车和道路充分链接到位的话，从理论上来说，可以提升这个城市道路通行能力的 270%。

以上这些都是大数据在交通管理方面的应用，会有助于提升道路交通信息的透明度，也对缓解交通拥堵有所帮助，但如果就此认为，大数据可以解决交通拥堵问题，那就是文不对题了。

交通拥堵的核心是通行能力与通行需求不匹配，可能是常态化的道路资源不够，也可能是瞬时车流高峰导致的不协调，但就一般情况而言，多数的城市或郊区道路拥堵都无法通过大数据的交通信息公开来缓解。

近一段时间，北京市将使用进京证的范围扩大，进京证的有效期缩短，由此造成了各进京路口办理进京证的排队状况盛况空前。据很多司机反映，正常情况下，办理一张进京证需要 2～3 个小时，也就是说，如果从天津到北京开车办事，路上只需一个小时，而办理进京证就需要 3 个小时。但大家都知道，办理进京证的排队时长是不固定的，也有司机遇到过半个小时就办完的。很多司机都在预测什么时间会办理的人少，有司机选择在半夜 1 点去办，结果排了 3 个半小时队，因为与他有共同想法的人太多，结果反而造成了人员拥堵。

其他交通领域也一样，大数据的交通信息公开会带来交通流量的透明化，而大家同样的选择会导致下一个交通拥堵的出现，景点的热力图也只代表现在，如果大家都得到同样的信息，结果冷点就会很快变成热点。当然，饭店可能是个例外，如果你发布的某个饭店排队人数多，很可能导致的是这个饭店的排队人数更多。

有人说，单一个体的出行是随机和不可控的，而一旦每个交通参与者通过某种方式“连接”起来形成一个大的可实时分享交通信息的群体，那么这个群体就具备了某种“智能”，通过互相影响来达到自我调校和自我优化，而结果一定会朝着减轻拥堵的方向发展。确实，在现代移动互联网状态下，每位终端用户既是交通信息的生成者，又是交通信息的提供者，从而以互联网彼此连接、相互影响，但这种交通智能对交通拥堵的缓解起不到多大的作用。

大数据在交通上的应用并非将交通大数据变成“公共知识”，公共知识状态的交通信息会导致出行博弈的混乱，对缓解交通状况不会有任何的帮助。大数据对交通管理有用，但这样的大数据是在小规模的管理中枢来应用，一旦变成全民共享，就会变成出行游戏。

2014 年 5 月 20 日，亚洲相互协作与信任措施会议第四次峰会在上海举行。这是亚信历史上规模最大的一次盛会，46 个国家和国际组织领导人、负责人或代表齐聚上海。政要交通安全警卫要精确到秒，又要保证市民出行基本通畅——上海公安交警如何破解这个难题？解决方案在于一张表、两幅图：交通管制路段及时间表，市区分流引导图、入城分流引导图。管制线路状况、分流路段走向，一目了然。看似简单的图表，其背后却有着多个复杂的数据系统支撑——会算时间的智能红绿灯、随机应变的“潮汐车道”、道路交通事故分析预警系统、道口车驾查控系统等等。大数据，破解了大城市的交通难题。

5 月 24 日，周六，上海交警总队路设处高级工程师韩如文坐在办公室电脑前。实时自适应交通信号控制系统显示，淮海中路、西藏南路路口数据有异动。另外一台电脑上，韩如文打开该路口的实时监控图像，果然，路口车行缓慢。“还算好。”韩如文说，“刚才的数据显示，系统已经自动调节了该路段的红绿灯控制时间，淮海中路方向绿灯的时长比平时多出 40 秒。”“别小看这 40 秒，它自动加长淮海中路路口车流通行时间，避免了路口的拥堵。”上海交警总队路设处邹申说。

在上海，所有交通路口的信号灯都能自己“计算”时间。地面的感应装置实时感应路口车流量变化，反馈至后台计算机进行分析，根据分析结果，控制系统自动调整信号灯时间。以前信号灯的时间都是固定的，哪怕这条路再空，它也是按照原来设定的时间来运行。现在，车流量大，绿灯就长，车行就快。

上海是我国最早引进使用实时自适应交通信号控制系统的城市。从1986年开始，在外滩至人民广场的7.5平方公里范围内的23个路口开始建设信号控制系统。目前，已建成中央控制室1个，区域控制机房24个，控制路口约3015个，浦西内环线内中心区信号控制交叉口100%覆盖。“实时自适应交通信号控制系统的应用，大大提高了现有道路的通行能力。”邹申说，“它不仅可自动调节路口红绿灯时长，还能通过对几个连续路段的红绿灯信号调节，开设道路‘绿波’走廊。”

周家嘴路—海宁路是上海“三横三纵”主干道中的“北横”，而路段上交叉口平均间距只有146米，最小的只有80米，横向干扰大，如果按照传统信号控制，沿途因信号难以协调，将导致车辆频繁停车，延误增加。如果为提高通行率，封闭间距路口，则又给市民出行带来不便。交警总队通过实时自适应交通信号控制系统，将周家嘴路—海宁路沿途多个子系统连接，使车辆一次起步可连续通过约11个路口，高峰时间平均车速达每小时30公里。“此次亚信会议车辆引导也采取了类似措施。”邹申介绍。因为部分交通路段管制，交警总队在引导分流路段设置了多条“绿波”走廊，加快车辆通行速度，避免了交通管制期间大面积拥堵。

在上海，通过中心城区地面道路的感应线圈、光缆和道路监控设备，各种交通数据云集成一个“数据仓库”。以早晚高峰交通信息发布为例，路口的车辆数量和速度变化数据信息，从搜集到在全城高架和地面道路信息诱导牌上发布，全程只需2分钟。

公安道路交通图像综合应用系统，可调看 11000 多个道路监控图像，可分析处理外环线（含）以内主要路口、城市快速路和越江桥隧的道路监控图像，生成拥堵、事故、停车等交通异常报警及交通参数。

基于大量数据采集、分析、传输，形成了多个交通控制系统，对交通流进行精确控制。上海公安局指挥中心，各种图标和实时监控影像令人眼花缭乱：横向，智能信号控制系统、交通诱导系统、道路标识系统等多个系统构成完整的交通管理体系；纵向，上海交通分为中心城地面道、城市快速路和郊区干线公路三张路网彼此链接。而这些数据控制系统又创新出种种管理模式，不断挖掘现有城市道路的交通潜力。比如，公交线路信号优先。上海市区主要路段都设置了快速公交专用道路，但是，即使是专用道，也一样要和大家一起等红绿灯。通过在特定公交车上安装特殊感应装置，实现对公交线路车道信号优先，减少了公交车辆遇红灯停车频次。

20 世纪 90 年代，上海就在“三横三纵”主干道之一的“东纵”四平路—吴淞路上采用了潮汐式可变车道，并使之与实时自适应交通信号控制系统联网，进行远程控制。早高峰，“潮汐车道”车行由北向南，晚高峰，则改为由南向北。“可变车道的应用，使这一路段单向交通流量增加了 25.6%，平均车速提高了 4 公里/小时。”邹申说。目前，上海共有潮汐车道 7 条，其中，2 条为配合道路施工设置的潮汐车道。

2014 年 4 月初，上海公安交警总队公布了 2014 年上海道路危险路段和事故多发点段，8 条道路中，崇明陈海公路已不在其列。陈海公路贯穿崇明县东西两端，是岛内的交通要道，这条全长 68 公里的道路曾经被媒体称为“死亡公路”。2011 年底的一天，当地一名年仅 18 岁的高三女生在回家途中，被一辆飞驰而过的轿车撞倒，不治身亡。事故发生不到 12 小时，在相隔不到百米的路段上，又发生一起交通事故，造成两人受伤。

根据上海市道路交通事故分析预警系统数据，交警总队将其列为年度危险道路，挂牌整治。“这些危险路段大多有些共性。”上海公安交警总队事故防范处副科长程伟群说，“比如，交通设施不完善，有许多道路陷阱；管理不细致、不到位。陈海公路为何交通事故多发？该路两边村庄多，岔口频频，为了少走路，村民往来大多选择就地穿越公路，而且全程无路灯，夜晚能见度很低。”经过各相关部门联合整治，陈海公路全线安装了 40 多组黄闪灯，投资 4000 多万元，对部分道路中心隔离，同时加大对沿线村民交通安全宣传。“现在，这条路交通事故发生率大大下降，由此前一年 10 多起，下降到两三起。”

“过去，危险路段排查是自下而上申报，每个区每年上报一至两条，这种人工排查办法不够科学。”上海交警总队事故防范处工程师王晟睿说，“受所辖区域局限，各区无法对道路进行横向比对，有的区，危险路段有多条，可只上报两条；有的区，其路段交通事故情况并不严重，但也要上报一两条。”

科学管理，需要严谨的数据分析。上海交警总队研发了道路交通警用地理信息 GIS 平台，在此基础上，开发了“上海市道路交通事故分析预警系统”，将相关事故违法数据在 GIS 地图上进行撒点定位，对道路交通事故多发点（段）有效预警。同时，将民警现场执法数据在多发点段上进行定位，指导路面执勤民警开展针对性的执法管控。“有了这个预警系统，我们就有了‘千里目’，可以掌控全市道路交通安全状况。”程伟群说。据统计，2007 年以来已挂牌治理事故多发道路 203 处，上述道路死亡交通事故总体下降50%以上。市、区（县）两级政府共投入治理资金66亿余元，并分级负责和组织实施工程性治理，全市共完成6686项增设、改造治理工程，涉及道路总里程达504公里。

智慧城市建设中的观念问题

目前，随着各地“智慧城市”建设的火热进行，政府大数据应用进入实质性建设阶段，大数据在各个领域的应用价值初显。在城市管理方面，一些地方合作推出的“警务云”已大显神威。比如，深夜时发现有人形迹可疑，警察可以通过云系统，找出这个人的各种信息，包括他何时坐过什么车、住过什么酒店、家庭情况等等。现在的大数据技术可以把所有的数据关联起来，为快速破案创造了有利条件。

但是从广州超算中心反馈的信息显示，虽然广州“智慧城市”的建设也在推进，但这样的大手笔项目却很少。而连续四次蝉联世界500强第一名的天河二号超级计算机，目前也只有40%的利用率。为何守着世界第一的超算，广州智慧城市的建设没有走在全国前列呢？有关专家认为，主要是政府对大数据的理解和重视程度远远不够。长期以来，我们的文化基因当中，数据文化很弱。没有把数据作为一种方法论、一种价值观、一种社会运转尺度来看待。

据了解，目前广州市各级政府掌握着全社会信息资源的80%，其中包括1000余个数据库。然而这些数据共享程度低。广州智慧城市的建设用到“超算”的，也主要是对20万个摄像头的数据进行分析与利用。很多数据因为部门利益和“保密”等因素，仅限于部门内部人员使用。而政府、企业和行业信息化系统建设也往往缺少统一规划和科学论证，没有统一标准，形成了众多“信息孤岛”，这给数据利用造成极大障碍。

总的来说，大数据对城市管理最重要的借鉴就是通过全方位的数据控制和分析，为政策制定提供高准确率的参考性和预见性，推动城市管理更加科学化。在如今的城市，供水、排水、排污、供电、燃气、电话电缆、移动通讯等十几种地下管线盘根错节，基本上由各产权单位进行封闭式管理。这种多头管理给一些民生工程的推进造成很大压力。如果能采用建立数据标准和普查建库等方式实现地下管线的数据共享，地下管线的整治将事半功倍。不仅如此，通过对地下管线密度或受力情况的区域横向比对，还能预测/分析出工程项目对邻近管线的影响，从而使建设方案得到最大程度的优化，避免“拉链路”现象。

此外，大数据的真正价值在于挖掘和分析。大数据产业的战略意义不在于掌握庞大的数据信息，而是要提高对数据的“加工能力”，通过“加工”实现数据的“增值”。在政策制定方面，大数据作用应该更大。目前，我国相当一部分公共政策的制定，通常是基于各个部门分别上报的零散数据，综合考虑专家学者的建言献策、民意调查等，科学实证的支持相对较少。为进一步提升公共政策制定的科学性，更应该引入“大数据”理念，将理性的数据分析与感性的经验判断结合起来作为决策依据。

如在交通方面，可以根据车流方向、密度来适时调整交通信号灯，让出租车在打车需求缺口最大的时间和地点出现；在健康医疗方面，通过研究气温、病种、门诊量的变化，可以预测未来传染病的发展趋势。全国手足口病高发期间，有互联网公司就收集了相当宝贵的数据，向国家疾控中心提交了疫情预测和分析报告……据市场调研机构预测，未来几年，中国大数据应用市场将呈现爆发式增长，并以近 90% 的年均复合增长率增长，到 2018

年，大数据产业规模预计将达到近6000亿元。从政府决策与服务，到城市的产业布局和规划，再到人们衣食住行的生活方式，都为广州的超算平台提供了广阔的空间。

当然，政府部门的大数据往往涉及机密，一旦泄露或者处理不当，将严重损害国家权益。这就要求IT企业加大对电子认证、加密解密、攻击检测与防御等技术的研发投入，加强产品系统应用安全。而政府部门要抓紧推进信息安全等级保护制度，加强对数据中心及信息系统运维的监督管理。

2. 大数据与社区综合治理

基层政府的大数据治理实践之路

“大数据能带来什么、如何运用好，这是我们在做信息化建设时始终在思考的问题。”安徽省芜湖市镜湖区政法委副书记、综治办主任孙艳说。芜湖市从2007年开始推进社区信息化建设，选择镜湖区作为试点，建立人口数据库，从最基本的摸清人口底数、掌握动态做起，不断更新人口基础信息。然而，真正让芜湖市意识到数据库意义的是一次火灾。

几年前的一天夜里，镜湖区的一个居民小区发生火灾，火势迅速蔓延，近百户居民受到影响。一时间，究竟有多少居民受火灾影响、包含多少老人和孩子，都成为急需了解的情况。镜湖区相关工作人员立刻调出该小区的人口数据库，准确查出了每户的家庭成员信息。根据这些数据，镜湖区在充分调集力量救火的同时，为火灾中被救出、没有受伤的住户安排了宾馆，还根据数据库中的学生信息，联系教育部门备好相应年级的书本，在第二天一早就把整套的新书和书包送到学生手中，安抚了群众情绪。

“这可以说是数据库第一次淋漓尽致地发挥作用，老百姓都特别感动，觉得我们及时准确地解决了他们的问题，满足了他们的需求。而从我们的角度来说，也是更好地发挥了政府职能。”孙艳说。

“对公众而言，大数据带来的最直观变化，就是政府从管理型向服务型、精准服务型转变。”芜湖市政府信息办副主任、总工程师承孝敏表示，以往政府工作人员只是被动等待百姓上门办理业务，现在有了大数据的海量信息支撑后，就可以精准定位各类人群，比如社区矫正人员、流动人口、失独家庭等，并根据不同人群的需求提供更有针对性的服务。

大数据分析还能去伪存真，用在公共服务领域可产生事半功倍的效果。比如上海市民政局建立了居民经济状况核对信息系统，曾经通过信息核对，在17.4万余户次申请保障房的家庭中，检出1.7万不合条件户。

从发展态势来看，以大数据为标志的“信息社会”正在加速到来。“各级政府都在关注大数据，考虑如何利用它改变决策支持系统，提高行政效率，增强服务能力。”国家信息中心网络政府研究中心主任于施洋说。

根据国务院印发的《促进大数据发展行动纲要》，要“大力推动政府信息系统和公共数据互联开放共享，加快政府信息平台整合，消除信息孤岛，推进数据资源向社会开放”。但是，由于无经验可“效仿”，基层政府玩转大数据并不是一件易事。

2015年5月，四川省的县级市——崇州市成立了国有独资企业“成都崇信大数据服务有限公司”，率先启动建设全市大数据服务管理平台探索。公司董事长陈刚作为崇州大数据产业的“操盘手”之一对大数据产业人才“求贤若渴”。用大数据洞察民生需求、促进产业转型升级、激发创新创业，陈刚还有许多大山需要攀登。

“崇州搞大数据，算是一种倒逼。”据陈刚介绍，2013 年，崇州成为住建部批准的第二批智慧城市试点城市。“智慧交通、智慧旅游，只是智慧城市的一种表现，都不是内核。”几番探索，崇州从繁杂的线索中抓出一个关键点：一切都离不开数据，都离不开传感器。2013 年，崇州决定涉足大数据产业。最“潮”的方向是做 IDC（互联网数据存储中心），但考虑到气候、电力成本没有优势，崇州选择了 IPC（智慧处理中心），意在做大数据产业的上游：通过数据分析、数据应用产生价值。并决定每年拿出 GDP 的千分之二，购买数据应用类服务。

大数据采集、分析能产生多大价值？聚焦到民生领域，生活在崇州的民众最先感受的将是出行的变化。目前，崇州市城区内的公交车，采取的是上车投币方式，多条线路亏损情况严重。今后，一张公交卡就有望改变这种亏损状况。“这张卡，就是数据的承载体。”陈刚说，通过这张卡，收集乘客的乘坐信息，就能分析出哪个点、哪个时间段客流量大，根据这些数据分析结果来调整公交车辆的安排，既能便利群众出行，也能提高公交车的收益。这张卡即将改变的不光是崇州公交。据了解，崇州市政府已经与成都天府通金融服务股份有限公司签约，开展“市民一卡通”合作项目，把居民健康卡、医保卡、金融 IC 卡、天府通卡集为一体。“以后，流行病趋势分析、常用药使用情况、医疗资源均衡程度等，均可用数据说话、用数据决策乃至用数据管理。”陈刚说。

从数据价值的实现流程看，大数据产业链由上游数据发现与采集、中游数据处理与分析、下游数据应用于服务等环节构成

——这条产业链说明，数据采集是一切的源头。政府是数据资源的最大拥有者，推动这一数据开放共享是需求，也是趋势。崇信大数据公司成立的目的之一，就是实现政府数据的归集沉淀。目前该公司已经获得了崇州市政府授权，统一管理全市政务数据。“我们正在建立一个数据池，一旦这个池建好后，一些现有的政务数据就能往这里面装了。”入池的数据，将向社会不同程度开放。届时，居民可查询到一些与自己生活息息相关的信息，比如小区周围的管网铺设情况。一些敏锐的创新创业者，也有望从数据中挖掘到“财富”。

崇州市还在党政机关和事业单位推广云桌面办公系统，这将让今后政务数据的收集变得更加便利。“凡是使用云桌面办公，相关的办公数据都会传回到后端的存储器中。”陈刚介绍，目前已完成14个单位的“云桌面”测试工作，接下来将按每年购买约2000个的方式，对全市传统PC电脑进行逐步替换升级。

不光是政务数据，崇信大数据公司还负责牵头协调社会化数据治理。“只是社会数据必然不同于政务数据，不能采取行政命令的方式。”崇州在其大数据产业发展5年规划中，已对全市数据的收集有了统一认识：采取行政收集、设备感知、自愿提供、专业采集、互利共享、有偿购买等方式，建立全面、精准、实时的数据采集体系。“我们通过这样的体系，最大化网罗数据。”

尽管已经获得了授权，归集各政府部门的政务数据，但在数据正式移交前，陈刚心里始终有担心：“虽然各部门都表态要移交数据，但会不会顺利还不能肯定，有些部门总担心，数据一旦公开后，会给他们的工作带来很大负担。”他在工作中深深体会到，要消除“信息孤岛”，首先要务实推动跨部门、跨行业的数据共享问题，同时促进有价值的公共信息资源和商业数据实现较为顺畅的流动。

第二个难点是，在数据交易时，数据安全、数据隐私等如何保护。目前，适应大数据发展的个人信息保护、数据资产保护等体系还没有建立。一些发生在其他地方的案例，已经让陈刚心里有了警觉："国内某个城市在推进智慧医疗时，将数据交由第三方来管理，之后因为隐私问题，有患者把第三方告上了法庭。"

还有一个核心难点是技术研发能力仍有待加强。不久前，成都"'创业天府·菁蓉汇'崇州大数据专场"上，被称为"四川大数据应用研究第一人"的周涛也对大数据产业的发展提出了需要重视的问题——建立数据定价机制："数据的价值不好评价，一辆出租车要产生无数条大数据，但它值多少钱，大家都不知道。"对于这个观点，陈刚也十分认同："如果定价不明确，数据的交易就会产生障碍。"

社区网格化精准管理

所谓的网格化管理是将一个行政地区划分为一个个的网格，以这些网格为政府管理基层社会的单元，对每一个网格进行动态和全方位的管理，从而推动社会治理从粗放式到精细化、从静态固化到动态活化、从被动应对到主动作为、从事后处置到事前预防"四大转变"，实现了社会治理的转型升级。

2014 年 12 月 31 日 23 时 35 分，正值跨年夜活动，因很多游客市民聚集在上海外滩迎接新年，在陈毅广场东南角通往黄浦江观景平台的人行通道阶梯处底部有人意外失衡跌倒，继而引发多人摔倒、叠压，致使拥挤踩踏事件发生，造成 36 人死亡，49 人受伤。2015 年 1 月 21 日，上海市公布"12·31"外滩拥挤踩踏事件调查报告，认定这是一起对群众性活动预防准备不足、现场管理不力、应对处置不当而引发的拥挤踩踏并造成重大伤亡和严重后果的公共安全责任事件。

有关部门事后总结，这起事件反映出相关管理部门对监测信息研判不够、对人群高度密集产生的后果估计不足，并提出了要健全预警管理机制，利用大数据加快构建全市统一的公共安全信息平台，实现信息共享，进一步加强预警信息沟通。

痛定思痛，为防止踩踏悲剧重演，全国政协常委、上海市经信委副主任邵志清提出：特大城市人流密集，举办重大文体活动或节假日集会时，热点区域很容易造成人群过度拥挤发生意外，应加强大数据和网格化技术的运用，准确分析、识别、评估风险并及时预警。他认为，大数据技术具有定位、搜索、挖掘和深度分析功能，可以为预警分析提供科学方法，而网格化管理技术则把活动区域划分为一个个网格，依托统一的城市数字化管理平台对网格实时巡查，主动发现问题，实现应急处置。因此，运用大数据和网格化技术保障城市公共安全，可以不干扰城市正常运转和市民正常生活，是比较经济、科学和可行的选择。邵志清介绍说，上海正在准备建立智慧应急产业联盟。即将发布的上海市推进大数据产业三年行动计划，其中一个重要应用领域就是使用大数据分析，发现城市运行和安全生产中存在的薄弱环节和隐患，采取措施防患于未然。有了大数据技术的支撑，可以将城市安全工作逐步从事后应对转变为事前预防，并形成可复制可推广的经验。

有专家进一步建议，要梳理重要“商业圈、文化圈、生活圈”等人口密集区域人流数据，构建基于大数据和网格化技术相融合、相支撑的城市公共安全管理平台，统一规划，协同管理。破除部分行业单位在政府公共信息资源利用中的壁垒，为大数据和网格化技术应用提供基础数据支撑。还需要解决相关法律、伦理、监管等问题，既推动数据资源共享共用，又保护好公民隐私和商业秘密。同时还建议，要选择基础条件较好的城市热点区域开展试点示范。坚持政府主导，选择技术水平高、服务品质好、社会责任意识强的第三方机构开展合作，推动城市大数据和网格化应用。

贵州六盘水市钟山区杨柳社区辖 8 个居委会、4 万余人。像中国的很多类似社区一样，社区内区域情况复杂，低收入人员流动性强，难以实时掌握相关数据；失业人员多，违法犯罪案件一直居高不下。在这样错综复杂的情况下，杨柳社区借助“大数据”之力，搭建起了创新社会管理信息服务平台，支撑全社区各项业务信息化开展，服务事项动态化管理，矛盾纠纷可视化调节。

这个小社区是如何玩转“大数据”的呢？“我们的信息平台 2015 年 1 月 1 日开始试运行，三个月后，正式运行。平台以人口基础信息数据库为突破口，网格化管理为手段，集成了社区人口信息、网格化信息、三维实景地区、公共服务、综治维稳、社区党建信息等于一体。”杨柳社区党委书记杜琼介绍说。社区专门划拨资金，为辖区内的 53 名网格工作人员配备手持终端，“一旦遇到需要采集或者及时更新的居民信息，网格员就可以利用手持终端进行操作，还能同步更新到信息平台上。”目前信息平台已构建起 62 个网格的“人、地、事、物、情、组织”等六类数据采集上传，建立信息采集合作与资源共享平台。

在信息平台的三维地图上，可以清楚地看到杨柳社区的每一栋房屋的属性、人员构成、人员相关信息。“对于人员信息，划分了 12 个大项、96 个小项，除了常规的出生年月、性别、民族等，还加入了是否为空巢老人、留守儿童、失业人员、伤残军人等，尽可能做到人性化管理。”杜琼说到，“此外，社区还通过平台，专门对人员密集区域、重要场所制作了3D地图，实现实景管理。”

居委会网格员周燕正在信息平台录入当天的民情日记，她介绍说：“现在入户开展工作，只要将问题录入到手持终端上，马上显示在信息平台上，相关部门便会立即处理，大大提升了工作效率和群众的满意度。”居民李玲是现代年轻人的典型代表，随时离不开手机。“正是看准了年轻人的这一特性，所以杨柳社区以微信为媒介，开通了社区便民服务网、社区服务中心微信公众平台，‘手机控’们只需轻轻一点，就能了解到各类便民服务政策、社区动向、社区内的美食，我们还专门安排人员管理网站、公众号，每天都会去更新、查看，确保居民反映的问题能得到及时解决。”

杜琼表示：“之前的网格化管理，实现了社区有网、网中有格、格中定人、人负其责，现在将创新社会管理信息平台融合其中，不仅实现了信息汇总、动态掌握的功能，还将原本难以掌握的人员变为一组组数据，通过网格员的及时更新，让我们对社区内的各项事务了然于心，从而能对症下药地为辖区内居民排忧解难，提供更加优质的服务。”

2015年，山东省滨州市阳信县金阳街道探索实施“大数据网格化”为民服务管理模式。他们的具体做法是，将全街道101个行政村、11623个农户，划分成122个社会治理“小网格”，每个网格平均包含约100个农户，每名机关干部“承包”一个“小网格”。同时，将8个工作片作为社会治理的“中网格”，整个街道作为一个“大网格”，建立起三个层级的网格化框架体系。吕宝平既作为“大网格”的负责人，又是一名普通的“小网格”服务管理员，带头包户。

“小网格”服务管理员是接待群众咨询、帮助群众解决问题的第一责任人，要求不推诿、不转嫁责任、不上交矛盾。他们在走访时要留下联系方式，以便于群众及时反映问题。对于一时实在解决不了的问题，记入“民情台账”，然后按照由易到难、由轻到重、由小到大的原则，从小、中、大网格服务管理员逐级介入，初步形成“联系无遗漏，服务无缝隙，管理无盲点”的工作格局。

街道统一编制了“大数据网格化”为民服务管理工作台账，分发给每位网格服务管理员。该台账主要包括村基本情况统计表、群众家庭情况统计表、走访群众记录表三张表格，包含农户户籍资料、近亲属状况、收入及就业、优抚社保、党建群团、计生信息、宅基土地等7大类、38项基本信息，要求每人入户走访时通过手机“外勤助手”软件，将走访了解到的数据及图片等信息及时传送到街道信息服务管理平台。这个平台由街道与网络通讯公司合作搭建，安排专人管理，及时收集汇总网格管理服务员上报的信息，最终汇集成包含全街道11623户信息的大数据。

“大数据网格化”为民服务管理启动后，街道整合各种服务资源，将社会治安、计划生育、信访维稳、村务公开、村民自治、生态保护、法治建设、金融安全监管等事项逐一纳入网格化管理。这样，各个部门可以同使一个信息服务管理平台，共享农户的大数据，分散于各个部门的社会服务管理职能得到整合，由“单干”变为“一体运作”，开辟了社会治理的“快车道”，大大提升了服务效能。

街道一方面通过信息管理平台，对网格服务管理员服务群众的时间、位置、方式、现场情景进行立体式监督，对网格服务管理员的工作进行考评，作为全年评先树优的参考依据，激发社区工作人员的工作积极性。

工作人员霍良波在走访王兴功农户杨明庆时，获知该村东头的变压器房屋的房门遭到破坏。了解到这一情况后，霍良波当即赶往现场，并将现场图片通过手机软件进行上传。当天下午，供电所工作人员便前来对其进行了维修，排除了安全隐患。

2015 年 4 月 27 日，街道经委主任史俊霞主动到所包的西边村农户刘富荣家中走访，了解到其想扩大养牛规模，为加工饲料需安装三相电源，请求帮助。史俊霞当即把相关情况通过手机传到街道信息管理平台，平台管理员整理制作成“群众反映事项转办单”。4 月 28 日，街道党工委副书记杨洪彬在转办单上签批，由王集工作片党总支书记张林鹏与农电所所长李士勇共同办理。作为具体承办人，张林鹏和李士勇立即联系了农户刘富荣，详细了解相关情况后按程序进行了办理。5 月 6 日，张林鹏在“转办单”上反馈“已办结”。

在金阳，大到群众的婚丧嫁娶，小到群众的衣食住行，都可以通过“大数据网格化”为民服务管理平台来快速传递信息，群众诉求和干部服务信息实现流畅运转。

2015 年 3 月 9 日凌晨，四川省西北部阿坝藏族羌族自治州下辖的红原县，瓦切镇色永村远牧点的牧民俄热家由于电线短路发生了火灾。俄热立即拨通所在的第 14 网格信息员索迫的电话，索迫火速将此事报告给第 14 网格的网格员况西尺武，不到半小时，况西尺武组织民兵、志愿者赶到俄热家帮助其扑灭了大火。

如果是在人口密集的城镇，这样的灾情处置也许很寻常，但发生在草原远牧点却并不简单。“这在以前只能眼睁睁看着火烧。”俄热将之归功于瓦切镇的网格化服务管理。一起普通的火灾处置背后，折射出的是社会管理创新与新技术手段结合给牧区带来的变化。这里平均海拔3545米，辖5村1社区，是红原县最大的纯牧业镇，辖区面积993.3平方公里，有1847户7126人，每平方公里平均仅有7.17个人，地广人稀，且人口流动大、信息覆盖差。牧民群众有了急事难事也不能及时掌握，给管理带来很大的困难。2014年7月，瓦切镇全面推行网格化服务管理，以村(社区)为基本单元，将定居点划分为31个网格，远牧点划分为24个网格，每个网格配备1名村（社区）干部或党员兼任网格员，共配备55名网格员，划格包片，全域覆盖。

“每个网格还配备了3—5名联户长兼任信息员，共有212名信息员。”瓦切镇党委书记罗让扎西介绍说。瓦切镇为信息员和网格员队伍配置了手电筒、手持终端机、对讲机、便民服务卡、信息采集单等，要求信息员每天至少走访一次联系网格，网格员每周至少走访一次联系网格，并发放便民联系卡，动态了解社情民意。

在瓦切镇网格化管理中心，从电脑联网查询、大屏幕显示、3D动画效果展示到各种数据详尽的图表展板、资料陈列一应俱全，从网格化信息采集系统随意调出一户牧民，都能查询到相关的详细信息，从家庭成员情况到住房、草场面积、禁牧面积、牛羊头数、新农合参保、牦牛保险等数据全登记在册。

中心技术平台运用了先进的数据集成管理技术，通过前期长达几个月的入户数据采集，目前全镇人口基本信息及房屋、草场、牛羊、养老、医疗等基础信息录入率已达100%。“精细网格化管理可以充分发挥网格服务管理资源优势，建立与相关部门资源共享机制，形成开放式、兼容式、共享式社会管理综合平台，不仅提高了管理效率，同时也更有利于为牧区群众提供便民服务。”罗让扎西说道。牧民东尼在瓦切镇曲登塘社区30公里外的远牧点放牧时，把家里的牦牛保险卡弄掉了。社区信息员陈荣书接到东尼的电话后，立即上报社区网格员，并帮东尼写证明，让他带着身份证、户口簿、牦牛保险底单到镇上办理。“以前要一周才能办完的事，现在一两天就搞定了，既方便又快捷。”不到两天就拿到新办的牦牛保险卡，东尼很是高兴。

附1：国务院《关于促进大数据发展的行动纲要》

2015年8月19日，国务院总理李克强主持召开国务院常务会议，通过《关于促进大数据发展的行动纲要》（以下简称《行动纲要》）。9月5日，《国务院关于印发促进大数据发展行动纲要的通知》（国发〔2015〕50号）正式发布，在全社会引起广泛影响。《行动纲要》由国家发展改革委牵头，会同工业和信息化部，自2014年初开展前期研究，历经深入的专题研究，并广泛征求了相关部门、专家学者的意见和建议，历时一年多时间编制完成。《行动纲要》是我国促进大数据发展的第一份权威性、系统性文件，从国家大数据发展战略全局的高度，提出了我国大数据发展的顶层设计，是指导我国未来大数据发展的纲领性文件。

国务院关于印发促进大数据发展行动纲要的通知

国发〔2015〕50 号

各省、自治区、直辖市人民政府，国务院各部委、各直属机构：

现将《促进大数据发展行动纲要》印发给你们，请认真贯彻落实。

国务院

2015 年 8 月 31 日

（本文有删减）

促进大数据发展行动纲要

大数据是以容量大、类型多、存取速度快、应用价值高为主要特征的数据集合，正快速发展为对数量巨大、来源分散、格式多样的数据进行采集、存储和关联分析，从中发现新知识、创造新价值、提升新能力的新一代信息技术和服务业态。

信息技术与经济社会的交汇融合引发了数据迅猛增长，数据已成为国家基础性战略资源，大数据正日益对全球生产、流通、分配、消费活动以及经济运行机制、社会生活方式和国家治理能力产生重要影响。目前，我国在大数据发展和应用方面已具备一定基础，拥有市场优势和发展潜力，但也存在政府数据开放共享不足、产业基础薄弱、缺乏顶层设计和统筹规划、法律法规建设滞后、创新应用领域不广等问题，亟待解决。为贯彻落实党中央、国务院决策部署，全面推进我国大数据发展和应用，加快建设数据强国，特制定本行动纲要。

一、发展形势和重要意义

全球范围内，运用大数据推动经济发展、完善社会治理、提升政府服务和监管能力正成为趋势，有关发达国家相继制定实施大数据战略性文件，大力推动大数据发展和应用。目前，我国互联网、移动互联网用户规模居全球第一，拥有丰富的数据资源和应用市场优势，大数据部分关键技术研发取得突破，涌现出一批互联网创新企业和创新应用，一些地方政府已启动大数据相关工作。坚持创新驱动发展，加快大数据部署，深化大数据应用，已成为稳增长、促改革、调结构、惠民生和推动政府治理能力现代化的内在需要和必然选择。

（一）大数据成为推动经济转型发展的新动力。以数据流引领技术流、物质流、资金流、人才流，将深刻影响社会分工协作的组织模式，促进生产组织方式的集约和创新。大数据推动社会生产要素的网络化共享、集约化整合、协作化开发和高效化利用，改变了传统的生产方式和经济运行机制，可显著提升经济运行水平和效率。大数据持续激发商业模式创新，不断催生新业态，已成为互联网等新兴领域促进业务创新增值、提升企业核心价值的重要驱动力。大数据产业正在成为新的经济增长点，将对未来信息产业格局产生重要影响。

（二）大数据成为重塑国家竞争优势的新机遇。在全球信息化快速发展的大背景下，大数据已成为国家重要的基础性战略资源，正引领新一轮科技创新。充分利用我国的数据规模优势，实现数据规模、质量和应用水平同步提升，发掘和释放数据资源的潜在价值，有利于更好发挥数据资源的战略作用，增强网络空间数据主权保护能力，维护国家安全，有效提升国家竞争力。

（三）大数据成为提升政府治理能力的新途径。大数据应用能够揭示传统技术方式难以展现的关联关系，推动政府数据开放共享，促进社会事业数据融合和资源整合，将极大提升政府整体数据分析能力，为有效处理复杂社会问题提供新的手段。建立“用数据说话、用数据决策、用数据管理、用数据创新”的管理机制，实现基于数据的科学决策，将推动政府管理理念和社会治理模式进步，加快建设与社会主义市场经济体制和中国特色社会主义事业发展相适应的法治政府、创新政府、廉洁政府和服务型政府，逐步实现政府治理能力现代化。

二、指导思想和总体目标

（一）指导思想。深入贯彻党的十八大和十八届二中、三中、四中全会精神，按照党中央、国务院决策部署，发挥市场在资源配置中的决定性作用，加强顶层设计和统筹协调，大力推动政府信息系统和公共数据互联开放共享，加快政府信息平台整合，消除信息孤岛，推进数据资源向社会开放，增强政府公信力，引导社会发展，服务公众企业；以企业为主体，营造宽松公平环境，加大大数据关键技术研发、产业发展和人才培养力度，着力推进数据汇集和发掘，深化大数据在各行业创新应用，促进大数据产业健康发展；完善法规制度和标准体系，科学规范利用大数据，切实保障数据安全。通过促进大数据发展，加快建设数据强国，释放技术红利、制度红利和创新红利，提升政府治理能力，推动经济转型升级。

（二）总体目标。立足我国国情和现实需要，推动大数据发展和应用在未来5—10年逐步实现以下目标：

打造精准治理、多方协作的社会治理新模式。将大数据作为提升政府治理能力的重要手段，通过高效采集、有效整合、深化应用政府数据和社会数据，提升政府决策和风险防范水平，提高社会治理的精准性和有效性，增强乡村社会治理能力；助力简政放权，支持从事前审批向事中事后监管转变，推动商事制度改革；促进政府监管和社会监督有机结合，有效调动社会力量参与社会治理的积极性。2017 年底前形成跨部门数据资源共享共用格局。

建立运行平稳、安全高效的经济运行新机制。充分运用大数据，不断提升信用、财政、金融、税收、农业、统计、进出口、资源环境、产品质量、企业登记监管等领域数据资源的获取和利用能力，丰富经济统计数据来源，实现对经济运行更为准确的监测、分析、预测、预警，提高决策的针对性、科学性和时效性，提升宏观调控以及产业发展、信用体系、市场监管等方面管理效能，保障供需平衡，促进经济平稳运行。

构建以人为本、惠及全民的民生服务新体系。围绕服务型政府建设，在公用事业、市政管理、城乡环境、农村生活、健康医疗、减灾救灾、社会救助、养老服务、劳动就业、社会保障、文化教育、交通旅游、质量安全、消费维权、社区服务等领域全面推广大数据应用，利用大数据洞察民生需求，优化资源配置，丰富服务内容，拓展服务渠道，扩大服务范围，提高服务质量，提升城市辐射能力，推动公共服务向基层延伸，缩小城乡、区域差距，促进形成公平普惠、便捷高效的民生服务体系，不断满足人民群众日益增长的个性化、多样化需求。

开启大众创业、万众创新的创新驱动新格局。形成公共数据资源合理适度开放共享的法规制度和政策体系，2018 年底前建成国家政府数据统一开放平台，率先在信用、交通、医疗、卫生、就业、社保、地理、文化、教育、科技、资源、农业、环境、安监、金融、质量、统计、气象、海洋、企业登记监管等重要领域实现公共数据资源合理适度向社会开放，带动社会公众开展大数据增值性、公益性开发和创新应用，充分释放数据红利，激发大众创业、万众创新活力。

培育高端智能、新兴繁荣的产业发展新生态。推动大数据与云计算、物联网、移动互联网等新一代信息技术融合发展，探索大数据与传统产业协同发展的新业态、新模式，促进传统产业转型升级和新兴产业发展，培育新的经济增长点。形成一批满足大数据重大应用需求的产品、系统和解决方案，建立安全可信的大数据技术体系，大数据产品和服务达到国际先进水平，国内市场占有率显著提高。培育一批面向全球的骨干企业和特色鲜明的创新型中小企业。构建形成政产学研用多方联动、协调发展的大数据产业生态体系。

三、主要任务

（一）加快政府数据开放共享，推动资源整合，提升治理能力。

1. 力推动政府部门数据共享。加强顶层设计和统筹规划，明确各部门数据共享的范围边界和使用方式，厘清各部门数据管理及共享的义务和权利，依托政府数据统一共享交换平台，大力推进国家人口基础信息库、法人单位信息资源库、自然资源和空间地理基础信息库等国家基础数据资源，以及金税、金关、金财、金审、金盾、金宏、金保、金土、金农、金水、金质等信息系统跨部门、跨区域共享。加快各地区、各部门、各有关企事业单位及社会组织信用信息系统的互联互通和信息共享，丰富面向公众的信用信息服务，提高政府服务和监管水平。结合信息惠民工程实施和智慧城市建设，推动中央部门与地方政府条块结合、联合试点，实现公共服务的多方数据共享、制度对接和协同配合。

2. 稳步推动公共数据资源开放。在依法加强安全保障和隐私保护的前提下，稳步推动公共数据资源开放。推动建立政府部门和事业单位等公共机构数据资源清单，按照“增量先行”的方式，加强对政府部门数据的国家统筹管理，加快建设国家政府数据统一开放平台。制定公共机构数据开放计划，落实数据开放和维护责任，推进公共机构数据资源统一汇聚和集中向社会开放，提升政府数据开放共享标准化程度，优先推动信用、交通、医疗、卫生、就业、社保、地理、文化、教育、科技、资源、农业、环境、安监、金融、质量、统计、气象、海洋、企业登记监管等民生保障服务相关领域的政府数据集向社会开放。建立政府和社会互动的大数据采集形成机制，制定政府数据共享开放目录。通过政务数据公开共享，引导企业、行业协会、科研机构、社会组织等主动采集并开放数据。

专栏1　政府数据资源共享开放工程

推动政府数据资源共享。制定政府数据资源共享管理办法，整合政府部门公共数据资源，促进互联互通，提高共享能力，提升政府数据的一致性和准确性。2017 年底前，明确各部门数据共享的范围边界和使用方式，跨部门数据资源共享共用格局基本形成。

形成政府数据统一共享交换平台。充分利用统一的国家电子政务网络，构建跨部门的政府数据统一共享交换平台，到 2018 年，中央政府层面实现数据统一共享交换平台的全覆盖，实现金税、金关、金财、金审、金盾、金宏、金保、金土、金农、金水、金质等信息系统通过统一平台进行数据共享和交换。

形成国家政府数据统一开放平台。建立政府部门和事业单位等公共机构数据资源清单，制定实施政府数据开放共享标准，制定数据开放计划。2018 年底前，建成国家政府数据统一开放平台。2020 年底前，逐步实现信用、交通、医疗、卫生、就业、社保、地理、文化、教育、科技、资源、农业、环境、安监、金融、质量、统计、气象、海洋、企业登记监管等民生保障服务相关领域的政府数据集向社会开放。

3. 统筹规划大数据基础设施建设。结合国家政务信息化工程建设规划，统筹政务数据资源和社会数据资源，布局国家大数据平台、数据中心等基础设施。加快完善国家人口基础信息库、法人单位信息资源库、自然资源和空间地理基础信息库等基础信息资源和健康、就业、社保、能源、信用、统计、质量、国土、农业、城乡建设、企业登记监管等重要领域信息资源，加强与社会大数据的汇聚整合和关联分析。推动国民经济动员大数据应用。加强军民信息资源共享。充分利用现有企业、政府等数据资源和平台设施，注重对现有数据中心及服务器资源的改造和利用，建设绿色环保、低成本、高效率、基于云计算的大数据基础设施和区域性、行业性数据汇聚平台，避免盲目建设和重复投资。加强对互联网重要数据资源的备份及保护。

专栏2　国家大数据资源统筹发展工程
整合各类政府信息平台和信息系统。严格控制新建平台，依托现有平台资源，在地市级以上（含地市级）政府集中构建统一的互联网政务数据服务平台和信息惠民服务平台，在基层街道、社区统一应用，并逐步向农村特别是农村社区延伸。除国务院另有规定外，原则上不再审批有关部门、地市级以下（不含地市级）政府新建孤立的信息平台和信息系统。到2018年，中央层面构建形成统一的互联网政务数据服务平台；国家信息惠民试点城市实现基础信息集中采集、多方利用，实现公共服务和社会信息服务的全人群覆盖、全天候受理和“一站式”办理。 整合分散的数据中心资源。充分利用现有政府和社会数据中心资源，运用云计算技术，整合规模小、效率低、能耗高的分散数据中心，构建形成布局合理、规模适度、保障有力、绿色集约的政务数据中心体系。统筹发挥各部门已建数据中心的作用，严格控制部门新建数据中心。开展区域试点，推进贵州等大数据综合试验区建设，促进区域性大数据基础设施的整合和数据资源的汇聚应用。

加快完善国家基础信息资源体系。加快建设完善国家人口基础信息库、法人单位信息资源库、自然资源和空间地理基础信息库等基础信息资源。依托现有相关信息系统，逐步完善健康、社保、就业、能源、信用、统计、质量、国土、农业、城乡建设、企业登记监管等重要领域信息资源。到2018年，跨部门共享校核的国家人口基础信息库、法人单位信息资源库、自然资源和空间地理基础信息库等国家基础信息资源体系基本建成，实现与各领域信息资源的汇聚整合和关联应用。

加强互联网信息采集利用。加强顶层设计，树立国际视野，充分利用已有资源，加强互联网信息采集、保存和分析能力建设，制定完善互联网信息保存相关法律法规，构建互联网信息保存和信息服务体系。

4. 支持宏观调控科学化。建立国家宏观调控数据体系，及时发布有关统计指标和数据，强化互联网数据资源利用和信息服务，加强与政务数据资源的关联分析和融合利用，为政府开展金融、税收、审计、统计、农业、规划、消费、投资、进出口、城乡建设、劳动就业、收入分配、电力及产业运行、质量安全、节能减排等领域运行动态监测、产业安全预测预警以及转变发展方式分析决策提供信息支持，提高宏观调控的科学性、预见性和有效性。

5. 推动政府治理精准化。在企业监管、质量安全、节能降耗、环境保护、食品安全、安全生产、信用体系建设、旅游服务等领域，推动有关政府部门和企事业单位将市场监管、检验检测、违法失信、企业生产经营、销售物流、投诉举报、消费维权等数据进行汇聚整合和关联分析，统一公示企业信用信息，预警企业不正当行为，提升政府决策和风险防范能力，支持加强事中事后监管和服务，提高监管和服务的针对性、有效性。推动改进政府管理和公共治理方式，借助大数据实现政府负面清单、权力清单和责任清单的透明化管理，完善大数据监督和技术反腐体系，促进政府简政放权、依法行政。

6. 推进商事服务便捷化。加快建立公民、法人和其他组织统一社会信用代码制度，依托全国统一的信用信息共享交换平台，建设企业信用信息公示系统和“信用中国”网站，共享整合各地区、各领域信用信息，为社会公众提供查询注册登记、行政许可、行政处罚等各类信用信息的一站式服务。在全面实行工商营业执照、组织机构代码证和税务登记证“三证合一”、“一照一码”登记制度改革中，积极运用大数据手段，简化办理程序。建立项目并联审批平台，形成网上审批大数据资源库，实现跨部门、跨层级项目审批、核准、备案的统一受理、同步审查、信息共享、透明公开。鼓励政府部门高效采集、有效整合并充分运用政府数据和社会数据，掌握企业需求，推动行政管理流程优化再造，在注册登记、市场准入等商事服务中提供更加便捷有效、更有针对性的服务。利用大数据等手段，密切跟踪中小微企业特别是新设小微企业运行情况，为完善相关政策提供支持。

7. 促进安全保障高效化。加强有关执法部门间的数据流通，在法律许可和确保安全的前提下，加强对社会治理相关领域数据的归集、发掘及关联分析，强化对妥善应对和处理重大突发公共事件的数据支持，提高公共安全保障能力，推动构建智能防控、综合治理的公共安全体系，维护国家安全和社会安定。

专栏 3　政府治理大数据工程
推动宏观调控决策支持、风险预警和执行监督大数据应用。统筹利用政府和社会数据资源，探索建立国家宏观调控决策支持、风险预警和执行监督大数据应用体系。到 2018 年，开展政府和社会合作开发利用大数据试点，完善金融、税收、审计、统计、农业、规划、消费、投资、进出口、城乡建设、劳动就业、收入分配、电力及产业运行、质量安全、节能减排等领域国民经济相关数据的采集和利用机制，推进各级政府按照统一体系开展数据采集和综合利用，加强对宏观调控决策的支撑。

推动信用信息共享机制和信用信息系统建设。加快建立统一社会信用代码制度，建立信用信息共享交换机制。充分利用社会各方面信息资源，推动公共信用数据与互联网、移动互联网、电子商务等数据的汇聚整合，鼓励互联网企业运用大数据技术建立市场化的第三方信用信息共享平台，使政府主导征信体系的权威性和互联网大数据征信平台的规模效应得到充分发挥，依托全国统一的信用信息共享交换平台，建设企业信用信息公示系统，实现覆盖各级政府、各类别信用主体的基础信用信息共享，初步建成社会信用体系，为经济高效运行提供全面准确的基础信用信息服务。

建设社会治理大数据应用体系。到2018年，围绕实施区域协调发展、新型城镇化等重大战略和主体功能区规划，在企业监管、质量安全、质量诚信、节能降耗、环境保护、食品安全、安全生产、信用体系建设、旅游服务等领域探索开展一批应用试点，打通政府部门、企事业单位之间的数据壁垒，实现合作开发和综合利用。实时采集并汇总分析政府部门和企事业单位的市场监管、检验检测、违法失信、企业生产经营、销售物流、投诉举报、消费维权等数据，有效促进各级政府社会治理能力提升。

8. 加快民生服务普惠化。结合新型城镇化发展、信息惠民工程实施和智慧城市建设，以优化提升民生服务、激发社会活力、促进大数据应用市场化服务为重点，引导鼓励企业和社会机构开展创新应用研究，深入发掘公共服务数据，在城乡建设、人居环境、健康医疗、社会救助、养老服务、劳动就业、社会保障、质量安全、文化教育、交通旅游、消费维权、城乡服务等领域开展大数据应用示范，推动传统公共服务数据与互联网、移动互联网、可穿戴设备等数据的汇聚整合，开发各类便民应用，优化公共资源配置，提升公共服务水平。

专栏4 公共服务大数据工程
医疗健康服务大数据。构建电子健康档案、电子病历数据库，建设覆盖公共卫生、医疗服务、医疗保障、药品供应、计划生育和综合管理业务的医疗健康管理和服务大数据应用体系。探索预约挂号、分级诊疗、远程医疗、检查检验结果共享、防治结合、医养结合、健康咨询等服务，优化形成规范、共享、互信的诊疗流程。鼓励和规范有关企事业单位开展医疗健康大数据创新应用研究，构建综合健康服务应用。 社会保障服务大数据。建设由城市延伸到农村的统一社会救助、社会福利、社会保障大数据平台，加强与相关部门的数据对接和信息共享，支撑大数据在劳动用工和社保基金监管、医疗保险对医疗服务行为监控、劳动保障监察、内控稽核以及人力资源社会保障相关政策制定和执行效果跟踪评价等方面的应用。利用大数据创新服务模式，为社会公众提供更为个性化、更具针对性的服务。 教育文化大数据。完善教育管理公共服务平台，推动教育基础数据的伴随式收集和全国互通共享。建立各阶段适龄入学人口基础数据库、学生基础数据库和终身电子学籍档案，实现学生学籍档案在不同教育阶段的纵向贯通。推动形成覆盖全国、协同服务、全网互通的教育资源云服务体系。探索发挥大数据对变革教育方式、促进教育公平、提升教育质量的支撑作用。加强数字图书馆、档案馆、博物馆、美术馆和文化馆等公益设施建设，构建文化传播大数据综合服务平台，传播中国文化，为社会提供文化服务。 交通旅游服务大数据。探索开展交通、公安、气象、安监、地震、测绘等跨部门、跨地域数据融合和协同创新。建立综合交通服务大数据平台，共同利用大数据提升协同管理和公共服务能力，积极吸引社会优质资源，利用交通大数据开展出行信息服务、交通诱导等增值服务。建立旅游投诉及评价全媒体交互中心，实现对旅游城市、重点景区游客流量的监控、预警和及时分流疏导，为规范市场秩序、方便游客出行、提升旅游服务水平、促进旅游消费和旅游产业转型升级提供有力支撑。

（二）推动产业创新发展，培育新兴业态，助力经济转型。

1. 发展工业大数据。推动大数据在工业研发设计、生产制造、经营管理、市场营销、售后服务等产品全生命周期、产业链全流程各环节的应用，分析感知用户需求，提升产品附加价值，打造智能工厂。建立面向不同行业、不同环节的工业大数据资源聚合和分析应用平台。抓住互联网跨界融合机遇，促进大数据、物联网、云计算和三维（3D）打印技术、个性化定制等在制造业全产业链集成运用，推动制造模式变革和工业转型升级。

2. 发展新兴产业大数据。大力培育互联网金融、数据服务、数据探矿、数据化学、数据材料、数据制药等新业态，提升相关产业大数据资源的采集获取和分析利用能力，充分发掘数据资源支撑创新的潜力，带动技术研发体系创新、管理方式变革、商业模式创新和产业价值链体系重构，推动跨领域、跨行业的数据融合和协同创新，促进战略性新兴产业发展、服务业创新发展和信息消费扩大，探索形成协同发展的新业态、新模式，培育新的经济增长点。

专栏5　工业和新兴产业大数据工程
工业大数据应用。利用大数据推动信息化和工业化深度融合，研究推动大数据在研发设计、生产制造、经营管理、市场营销、售后服务等产业链各环节的应用，研发面向不同行业、不同环节的大数据分析应用平台，选择典型企业、重点行业、重点地区开展工业企业大数据应用项目试点，积极推动制造业网络化和智能化。 服务业大数据应用。利用大数据支持品牌建立、产品定位、精准营销、认证认可、质量诚信提升和定制服务等，研发面向服务业的大数据解决方案，扩大服务范围，增强服务能力，提升服务质量，鼓励创新商业模式、服务内容和服务形式。 培育数据应用新业态。积极推动不同行业大数据的聚合、大数据与其他行业的融合，大力培育互联网金融、数据服务、数据处理分析、数据影视、数据探矿、数据化学、数据材料、数据制药等新业态。

电子商务大数据应用。推动大数据在电子商务中的应用，充分利用电子商务中形成的大数据资源为政府实施市场监管和调控服务，电子商务企业应依法向政府部门报送数据。

3. 发展农业农村大数据。构建面向农业农村的综合信息服务体系，为农民生产生活提供综合、高效、便捷的信息服务，缩小城乡数字鸿沟，促进城乡发展一体化。加强农业农村经济大数据建设，完善村、县相关数据采集、传输、共享基础设施，建立农业农村数据采集、运算、应用、服务体系，强化农村生态环境治理，增强乡村社会治理能力。统筹国内国际农业数据资源，强化农业资源要素数据的集聚利用，提升预测预警能力。整合构建国家涉农大数据中心，推进各地区、各行业、各领域涉农数据资源的共享开放，加强数据资源发掘运用。加快农业大数据关键技术研发，加大示范力度，提升生产智能化、经营网络化、管理高效化、服务便捷化能力和水平。

专栏6　现代农业大数据工程

农业农村信息综合服务。充分利用现有数据资源，完善相关数据采集共享功能，完善信息进村入户村级站的数据采集和信息发布功能，建设农产品全球生产、消费、库存、进出口、价格、成本等数据调查分析系统工程，构建面向农业农村的综合信息服务平台，涵盖农业生产、经营、管理、服务和农村环境整治等环节，集合公益服务、便民服务、电子商务和网络服务，为农业农村农民生产生活提供综合、高效、便捷的信息服务，加强全球农业调查分析，引导国内农产品生产和消费，完善农产品价格形成机制，缩小城乡数字鸿沟，促进城乡发展一体化。

农业资源要素数据共享。利用物联网、云计算、卫星遥感等技术，建立我国农业耕地、草原、林地、水利设施、水资源、农业设施设备、新型经营主体、农业劳动力、金融资本等资源要素数据监测体系，促进农业环境、气象、生态等信息共享，构建农业资源要素数据共享平台，为各级政府、企业、农户提供农业资源数据查询服务，鼓励各类市场主体充分发掘平台数据，开发测土配方施肥、统防统治、农业保险等服务。

农产品质量安全信息服务。建立农产品生产的生态环境、生产资料、生产过程、市场流通、加工储藏、检验检测等数据共享机制，推进数据实现自动化采集、网络化传输、标准化处理和可视化运用，提高数据的真实性、准确性、及时性和关联性，与农产品电子商务等交易平台互联共享，实现各环节信息可查询、来源可追溯、去向可跟踪、责任可追究，推进实现种子、农药、化肥等重要生产资料信息可追溯，为生产者、消费者、监管者提供农产品质量安全信息服务，促进农产品消费安全。

4. 发展万众创新大数据。适应国家创新驱动发展战略，实施大数据创新行动计划，鼓励企业和公众发掘利用开放数据资源，激发创新创业活力，促进创新链和产业链深度融合，推动大数据发展与科研创新有机结合，形成大数据驱动型的科研创新模式，打通科技创新和经济社会发展之间的通道，推动万众创新、开放创新和联动创新。

专栏7　万众创新大数据工程

大数据创新应用。通过应用创新开发竞赛、服务外包、社会众包、助推计划、补助奖励、应用培训等方式，鼓励企业和公众发掘利用开放数据资源，激发创新创业活力。

大数据创新服务。面向经济社会发展需求，研发一批大数据公共服务产品，实现不同行业、领域大数据的融合，扩大服务范围、提高服务能力。

发展科学大数据。积极推动由国家公共财政支持的公益性科研活动获取和产生的科学数据逐步开放共享，构建科学大数据国家重大基础设施，实现对国家重要科技数据的权威汇集、长期保存、集成管理和全面共享。面向经济社会发展需求，发展科学大数据应用服务中心，支持解决经济社会发展和国家安全重大问题。

知识服务大数据应用。利用大数据、云计算等技术，对各领域知识进行大规模整合，搭建层次清晰、覆盖全面、内容准确的知识资源库群，建立国家知识服务平台与知识资源服务中心，形成以国家平台为枢纽、行业平台为支撑，覆盖国民经济主要领域，分布合理、互联互通的国家知识服务体系，为生产生活提供精准、高水平的知识服务。提高我国知识资源的生产与供给能力。

5. 推进基础研究和核心技术攻关。围绕数据科学理论体系、大数据计算系统与分析理论、大数据驱动的颠覆性应用模型探索等重大基础研究进行前瞻布局，开展数据科学研究，引导和鼓励在大数据理论、方法及关键应用技术等方面展开探索。采取政产学研用相结合的协同创新模式和基于开源社区的开放创新模式，加强海量数据存储、数据清洗、数据分析发掘、数据可视化、信息安全与隐私保护等领域关键技术攻关，形成安全可靠的大数据技术体系。支持自然语言理解、机器学习、深度学习等人工智能技术创新，提升数据分析处理能力、知识发现能力和辅助决策能力。

6. 形成大数据产品体系。围绕数据采集、整理、分析、发掘、展现、应用等环节，支持大型通用海量数据存储与管理软件、大数据分析发掘软件、数据可视化软件等软件产品和海量数据存储设备、大数据一体机等硬件产品发展，带动芯片、操作系统等信息技术核心基础产品发展，打造较为健全的大数据产品体系。大力发展与重点行业领域业务流程及数据应用需求深度融合的大数据解决方案。

专栏8　大数据关键技术及产品研发与产业化工程

通过优化整合后的国家科技计划（专项、基金等），支持符合条件的大数据关键技术研发。

加强大数据基础研究。融合数理科学、计算机科学、社会科学及其他应用学科，以研究相关性和复杂网络为主，探讨建立数据科学的学科体系；研究面向大数据计算的新体系和大数据分析理论，突破大数据认知与处理的技术瓶颈；面向网络、安全、金融、生物组学、健康医疗等重点需求，探索建立数据科学驱动行业应用的模型。

大数据技术产品研发。加大投入力度，加强数据存储、整理、分析处理、可视化、信息安全与隐私保护等领域技术产品的研发，突破关键环节技术瓶颈。到2020年，形成一批具有国际竞争力的大数据处理、分析、可视化软件和硬件支撑平台等产品。

提升大数据技术服务能力。促进大数据与各行业应用的深度融合，形成一批代表性应用案例，以应用带动大数据技术和产品研发，形成面向各行业的成熟的大数据解决方案。

7. 完善大数据产业链。支持企业开展基于大数据的第三方数据分析发掘服务、技术外包服务和知识流程外包服务。鼓励企业根据数据资源基础和业务特色，积极发展互联网金融和移动金融等新业态。推动大数据与移动互联网、物联网、云计算的深度融合，深化大数据在各行业的创新应用，积极探索创新协作共赢的应用模式和商业模式。加强大数据应用创新能力建设，建立政产学研用联动、大中小企业协调发展的大数据产业体系。建立和完善大数据产业公共服务支撑体系，组建大数据开源社区和产业联盟，促进协同创新，加快计量、标准化、检验检测和认证认可等大数据产业质量技术基础建设，加速大数据应用普及。

专栏9 大数据产业支撑能力提升工程

培育骨干企业。完善政策体系，着力营造服务环境优、要素成本低的良好氛围，加速培育大数据龙头骨干企业。充分发挥骨干企业的带动作用，形成大中小企业相互支撑、协同合作的大数据产业生态体系。到2020年，培育10家国际领先的大数据核心龙头企业，500家大数据应用、服务和产品制造企业。

大数据产业公共服务。整合优质公共服务资源，汇聚海量数据资源，形成面向大数据相关领域的公共服务平台，为企业和用户提供研发设计、技术产业化、人力资源、市场推广、评估评价、认证认可、检验检测、宣传展示、应用推广、行业咨询、投融资、教育培训等公共服务。中小微企业公共服务大数据。整合现有中小微企业公共服务系统与数据资源，链接各省（区、市）建成的中小微企业公共服务线上管理系统，形成全国统一的中小微企业公共服务大数据平台，为中小微企业提供科技服务、综合服务、商贸服务等各类公共服务。

（三）强化安全保障，提高管理水平，促进健康发展。

1. 健全大数据安全保障体系。加强大数据环境下的网络安全问题研究和基于大数据的网络安全技术研究，落实信息安全等级保护、风险评估等网络安全制度，建立健全大数据安全保障体系。建立大数据安全评估体系。切实加强关键信息基础设施安全防护，做好大数据平台及服务商的可靠性及安全性评测、应用安全评测、监测预警和风险评估。明确数据采集、传输、存储、使用、开放等各环节保障网络安全的范围边界、责任主体和具体要求，切实加强对涉及国家利益、公共安全、商业秘密、个人隐私、军工科研生产等信息的保护。妥善处理发展创新与保障安全的关系，审慎监管，保护创新，探索完善安全保密管理规范措施，切实保障数据安全。

2. 强化安全支撑。采用安全可信产品和服务，提升基础设施关键设备安全可靠水平。建设国家网络安全信息汇聚共享和关联分析平台，促进网络安全相关数据融合和资源合理分配，提升重大网络安全事件应急处理能力；深化网络安全防护体系和态势感知能力建设，增强网络空间安全防护和安全事件识别能力。开展安全监测和预警通报工作，加强大数据环境下防攻击、防泄露、防窃取的监测、预警、控制和应急处置能力建设。

专栏 10　网络和大数据安全保障工程

网络和大数据安全支撑体系建设。在涉及国家安全稳定的领域采用安全可靠的产品和服务，到 2020 年，实现关键部门的关键设备安全可靠。完善网络安全保密防护体系。

大数据安全保障体系建设。明确数据采集、传输、存储、使用、开放等各环节保障网络安全的范围边界、责任主体和具体要求，建设完善金融、能源、交通、电信、统计、广电、公共安全、公共事业等重要数据资源和信息系统的安全保密防护体系。

网络安全信息共享和重大风险识别大数据支撑体系建设。通过对网络安全威胁特征、方法、模式的追踪、分析，实现对网络安全威胁新技术、新方法的及时识别与有效防护。强化资源整合与信息共享，建立网络安全信息共享机制，推动政府、行业、企业间的网络风险信息共享，通过大数据分析，对网络安全重大事件进行预警、研判和应对指挥。

四、政策机制

（一）完善组织实施机制。建立国家大数据发展和应用统筹协调机制，推动形成职责明晰、协同推进的工作格局。加强大数据重大问题研究，加快制定出台配套政策，强化国家数据资源统筹管理。加强大数据与物联网、智慧城市、云计算等相关政策、规划的协同。加强中央与地方协调，引导地方各级政府结合自身条件合理定位、科学谋划，将大数据发展纳入本地区经济社会和城镇化发展规划，制定出台促进大数据产业发展的政策措施，突出区域特色和分工，抓好措施落实，实现科学有序发展。设立大数据专家咨询委员会，为大数据发展应用及相关工程实施提供决策咨询。各有关部门要进一步统一思想，认真落实本行动纲要提出的各项任务，共同推动形成公共信息资源共享共用和大数据产业健康安全发展的良好格局。

（二）加快法规制度建设。修订政府信息公开条例。积极研究数据开放、保护等方面制度，实现对数据资源采集、传输、存储、利用、开放的规范管理，促进政府数据在风险可控原则下最大程度开放，明确政府统筹利用市场主体大数据的权限及范围。制定政府信息资源管理办法，建立政府部门数据资源统筹管理和共享复用制度。研究推动网上个人信息保护立法工作，界定个人信息采集应用的范围和方式，明确相关主体的权利、责任和义务，加强对数据滥用、侵犯个人隐私等行为的管理和惩戒。推动出台相关法律法规，加强对基础信息网络和关键行业领域重要信息系统的安全保护，保障网络数据安全。研究推动数据资源权益相关立法工作。

（三）健全市场发展机制。建立市场化的数据应用机制，在保障公平竞争的前提下，支持社会资本参与公共服务建设。鼓励政府与企业、社会机构开展合作，通过政府采购、服务外包、社会众包等多种方式，依托专业企业开展政府大数据应用，降低社会管理成本。引导培育大数据交易市场，开展面向应用的数据交易市场试点，探索开展大数据衍生产品交易，鼓励产业链各环节市场主体进行数据交换和交易，促进数据资源流通，建立健全数据资源交易机制和定价机制，规范交易行为。

（四）建立标准规范体系。推进大数据产业标准体系建设，加快建立政府部门、事业单位等公共机构的数据标准和统计标准体系，推进数据采集、政府数据开放、指标口径、分类目录、交换接口、访问接口、数据质量、数据交易、技术产品、安全保密等关键共性标准的制定和实施。加快建立大数据市场交易标准体系。开展标准验证和应用试点示范，建立标准符合性评估体系，充分发挥标准在培育服务市场、提升服务能力、支撑行业管理等方面的作用。积极参与相关国际标准制定工作。

（五）加大财政金融支持。强化中央财政资金引导，集中力量支持大数据核心关键技术攻关、产业链构建、重大应用示范和公共服务平台建设等。利用现有资金渠道，推动建设一批国际领先的重大示范工程。完善政府采购大数据服务的配套政策，加大对政府部门和企业合作开发大数据的支持力度。鼓励金融机构加强和改进金融服务，加大对大数据企业的支持力度。鼓励大数据企业进入资本市场融资，努力为企业重组并购创造更加宽松的金融政策环境。引导创业投资基金投向大数据产业，鼓励设立一批投资于大数据产业领域的创业投资基金。

（六）加强专业人才培养。创新人才培养模式，建立健全多层次、多类型的大数据人才培养体系。鼓励高校设立数据科学和数据工程相关专业，重点培养专业化数据工程师等大数据专业人才。鼓励采取跨校联合培养等方式开展跨学科大数据综合型人才培养，大力培养具有统计分析、计算机技术、经济管理等多学科知识的跨界复合型人才。鼓励高等院校、职业院校和企业合作，加强职业技能人才实践培养，积极培育大数据技术和应用创新型人才。依托社会化教育资源，开展大数据知识普及和教育培训，提高社会整体认知和应用水平。

（七）促进国际交流合作。坚持平等合作、互利共赢的原则，建立完善国际合作机制，积极推进大数据技术交流与合作，充分利用国际创新资源，促进大数据相关技术发展。结合大数据应用创新需要，积极引进大数据高层次人才和领军人才，完善配套措施，鼓励海外高端人才回国就业创业。引导国内企业与国际优势企业加强大数据关键技术、产品的研发合作，支持国内企业参与全球市场竞争，积极开拓国际市场，形成若干具有国际竞争力的大数据企业和产品。①

① 国务院关于印发促进大数据发展行动纲要的通知. 政府信息公开专栏，中国政府网，http://www.gov.cn/zhengce/content/2015-09/05/content_10137.htm.

附2：国家发展改革委有关负责人就《关于促进大数据发展行动纲要》答记者问

近日，国务院印发《关于促进大数据发展行动纲要》（下称《纲要》），明确提出将全面推进我国大数据发展和应用，加快建设数据强国。就此，记者采访了国家发展改革委有关负责人。

问："大数据"这一概念出现至今不过短短几年的时间，国务院就出台了这一文件，请简要介绍一下《纲要》出台的背景和重点内容。

答：大数据（Big Data）概念提出时间虽不长，但受到越来越多的关注。大数据已成为国家基础性战略资源，正日益对全球生产、流通、分配、消费活动以及经济运行机制、社会生活方式和国家治理能力产生重要影响。近些年，推动大数据发展已成为国际社会的行动共识，一些发达国家相继制定实施了大数据战略性文件。当前，我国经济正处在"三期叠加"的特殊阶段，迫切需要通过大数据应用，推动经济转型升级，促进创业创新。加快在国家层面对大数据发展进行顶层设计，既是顺应世界科技发展趋势的战略选择，也是我国应对新挑战、迎接新机遇的重要举措。

李克强总理高度重视大数据发展和应用，多次作出重要批示指示，明确指出大数据产业空间无限，要求围绕简政放权、政务公开、商事登记制度改革等加快推进大数据应用，并促进大数据更好地与其他产业融合发展，形成产业结构调整新局面。张高丽副总理等国务院其他领导同志也多次作出重要批示指示，提出具体要求。

国家发展改革委按照国务院的统一部署，启动了大数据发展与应用的一系列研究工作，委托中科院、中国工程院、国家信息中心等 10 余所研究机构和企业开展了专项研究。在此基础上，我委会同工信部等部门联合开展研究，多次召开部门、研究机构、专家和企业座谈会，先后征求了 47 个有关部门的意见，经反复修改完善，细化了具体措施，明确了任务分工，形成了《关于促进大数据发展行动纲要》。目前，《纲要》已经国务院审议通过并出台实施。

《纲要》的核心内容可以概括为“三个着力、五大目标、三方面任务、十项工程及七项措施”。

“三个着力”就是要着力推动政府数据开放共享利用，提升政府治理能力；着力推进大数据技术研发、产业发展和人才培养，促进大数据产业健康发展；着力规范利用大数据，保障数据安全。

“五大目标”就是要通过推动大数据发展应用，在未来 5 至 10 年打造精准治理、多方协作的社会治理新模式；建立运行平稳、安全高效的经济运行新机制；构建以人为本、惠及全民的民生服务新体系；开启大众创业、万众创新的创新驱动新格局；培育高端智能、新兴繁荣的产业发展新生态。

“三方面任务” 就是：一要加快政府数据开放共享，推动资源整合，提升治理能力。重点是大力推动政府部门数据共享，稳步推动公共数据资源开放，统筹规划大数据基础设施建设，支持宏观调控科学化，推动政府治理精准化，推进商事服务便捷化，促进安全保障高效化，加快民生服务普惠化。二要推动产业创新发展，培育新兴业态，助力经济转型。重点是发展大数据在工业、新兴产业、农业农村等行业领域应用，推动大数据发展与科研创新有机结合，推进基础研究和核心技术攻关，形成大数据产品体系，完善大数据产业链。三要强化安全保障，提高管理水平，促进健康发展。重点是健全大数据安全保障体系，强化安全支撑。

“十大工程” 主要包括政府数据资源共享开放工程、国家大数据资源统筹发展工程、政府治理大数据工程、公共服务大数据工程等。每一项工程都是围绕解决三方面任务中存在的主要问题进行专项部署的，进一步细化明确了工作目标、实施路径和进度安排。

“七项措施” 主要包括完善组织实施机制、加快法规制度建设、健全市场发展机制、建立标准规范体系、加大财政金融支持、加强专业人才培养、促进国际交流合作等七个方面的政策措施。

问：《纲要》出台以后，社会上非常关心政府数据开放有关问题，大家都知道推动这些工作面临很多困难，政府打算如何解决？

答：政府和公共部门掌握大量的数据资源，是最大的信息数据生产、收集、使用和发布单位，但也存在着法规制度不完善，缺乏统一数据标准等问题，尤其是数据开放程度较低，存在着“不愿开放、不敢开放、不会开放”数据的问题。《纲要》对此作出了针对性的部署，概括而言，重点是三个方面：

一是加强数据资源的国家统筹管理，优先开放相关领域数据。加快建立政府数据资源目录清单，在摸清政府数据家底的基础上，按照“增量先行”的方式加强对各部门数据的国家统筹管理。推动制定政府数据开放计划，建立安全责任机制，落实部门数据开放和维护责任，明确各部门数据开放的时间节点和路线图。优先推进与民生保障服务相关的信用、交通、医疗、卫生、就业、社保、地理、文化、教育、科技、环境、金融、统计、气象等领域政府数据集向社会开放。

二是建立健全相关法规制度，实现最大程度开放。要抓紧修订完善政府信息公开条例，促进政府数据在风险可控原则下尽可能开放，明晰数据开放的权利和义务，界定数据开放的范围和责任。同时，要建立国家大数据统筹发展协调和监督机制，加强对政府信息化项目的后评价和项目稽察，强化对数据资源建设以及数据共享开放、数据质量和安全的审计监督。

三是建立政府数据开放平台和标准体系，实现统一开放。2018 年以前，要建成国家政府数据统一开放门户，推进政府和公共部门数据资源统一汇聚和集中向社会开放，实现面向社会的政府数据资源一站式开放服务。同时，尽快建立政府数据采集、质量保障和安全管理标准，加强政府数据开放的标准化，方便社会利用。

问：《纲要》提出了建设政府数据统一共享平台的构想，请问这一平台与各部门现有的平台如金税、金关、金财、金盾等是一个什么关系？在推动数据共享，打通各个部门之间的信息孤岛

方面，目前面临的主要困难和问题有哪些？国家发展改革委准备怎么推动？

答：近年来，为加快推动信息共享工作，国家发展改革委按照“统一平台、互联互通，存量共享、增量共建，物理分散、逻辑集中”的原则，以开放数据交换接口的方式，推动政府部门间的信息共享，已取得初步成效。目前，全国统一的国家电子政务外网已初步建成，横向连接了118个中央单位和14.4万个地方单位，纵向基本覆盖了中央、省、地、县四级，承载了47个全国性业务系统和5000余项地方业务系统。依托国家电子政务外网搭建的全国统一的国家数据共享交换平台基本建成，13个行业领域的跨部门共享交换业务已通过或拟通过国家数据共享交换平台实现，涉及部门超过100个。例如，社会信用体系领域依托国家数据共享交换平台构建了信用信息共享交换体系；投资项目审批领域依托国家数据共享交换平台构建了相关部门联合的在线联审联批系统；信访领域依托国家数据共享交换平台构建了80个部门联通的网上信访系统，等等。通过统一的网络和平台，为各级政府节约了大量的建设和运维经费，取得了显著的经济社会效益。

“十二五”期间，政务信息化项目原则上都要依托全国统一的国家数据共享交换平台实现共享。例如，2014年，国家法人库工程建设，由工商总局、中央编办、民政部、质检总局等8个部门共建，建成后将实现国家法人基础信息的跨部门共享共用，为准确掌握各类法人底数和变动情况，提高对法人的联合监管和公共服务水平等提供信息支持。对于金税、金关、金审、金保、金土、金农等各部门已建的存量系统，原则上要求依托国家数据共享交换平台，按照开放数据接口、制定共享目录、签订共享协议的方式，实现各部门共享交换数据。但从目前情况看，在当前共享政策法规不健全、部门信息系统相对独立的现实情况下，采取“物理分散、逻辑集中”的方式，保持各部门现有系统功能、管理、运维等格局不变，以统一平台开放数据交换接口的方式推动共享，是比较合适的。

下一步，国家发展改革委将按照《纲要》要求，进一步加强政务信息化建设的统筹规划，强化共享共建要求，大力推进跨部门信息系统的共建共享，原则上不再支持建设新平台和各部门孤立的信息系统，推动形成互联互通、信息共享、业务协同的系统性工程，以发挥信息网络化提高多部门协同水平和监测、决策、服务的信息能力的关键作用。

问：李克强总理指出，发展大数据政府部门要“从我做起”，要求政府带头，除了上述您提到的数据开放共享，能否介绍一下在下一步《纲要》落实中，国家发展改革委还有哪些考虑？

答：政府带头主要体现在政府要带头对数据开放共享和抓好政府应用。大数据不仅是一次技术革命，更是一场思维方式、行为模式与治理理念的全方位变革。把大数据引入社会治理，将深刻改变政府管理理念和社会治理模式，是实现国家治理体系和治理能力现代化的有效途径。政府应用大数据，不能简简单单的搞大数据项目建设，建信息系统、建平台、建数据库、建数据中心等等，一定要把重点放在数据应用上面。要在政府履职中充分运用大数据技术和理念，加强政府数据和社会数据的关联分析利用，为有效处理复杂社会问题提供新手段，建立“用数据说话、用数据决策、用数据管理、用数据创新”的管理机制，实现基于数据的科学决策，推进管理型政府向透明、高效、廉洁的服务型、责任型政府转变。

下一步，我们将在大力推动政府数据共享开放的同时，通过

“条块结合、区域试点”等方式重点抓好大数据应用。

一方面，将选择一些重点行业领域，促进相关部门联合开展应用。《纲要》中也明确列出了决策支持、商事服务、医疗健康、社会保障、工业和新兴产业、现代农业等领域。归纳起来，主要是**四个方面：一是政府治理方面。**要加强政府数据和社会数据的关联应用，提高对公共危机事件的源头治理、动态监控、应急处置和感知预警能力，促进政府监管和社会监督有机结合，促进政府治理从粗放、揽权向精细、放权转变，打造高效政府、服务政府、透明政府、责任政府。**二是公共服务方面。**要利用大数据洞察民生需求，优化资源配置，缩小城乡差距，拓展服务渠道和方式，形成公平普惠、便捷高效的民生服务体系，不断满足人民群众日益增长的个性化、多样化需求。**三是宏观调控方面。**要充分运用大数据的理念、技术和资源，丰富经济统计数据来源，实现对经济运行状况更为准确的监测、分析、预测和预警，更有效地推动经济发展方式转变和产业结构调整，提高宏观调控的科学决策水平。**四是产业发展方面。**要推动大数据与云计算、物联网、移动互联网等新技术融合发展，探索大数据与传统产业协同发展的新业态、新模式，促进传统产业转型升级和新兴产业发展，培育新的经济增长点。

另一方面，将选择一些区域，组织实施国家大数据综合试验区建设。试验区建设不是建产业园、建数据中心，而是要充分依托已有设施资源，把现有的利用好，把新建的规划好，坚决杜绝盲目新建数据中心，避免造成资源空间的浪费损失。**综合试验区建设要力求发挥“三个作用”：一是示范带头作用。**这些试验区建设应该具备一定基础条件，在数据资源共享开放、大数据产业发展支撑、数据应用创新和数据安全保障方面均有较好的基础，可以通过试验区建设，进一步发挥示范带动效应。**二是统筹布局作用**。强化大数据中心的国家统筹布局，依托这些试验区，承接中央部门、其他地方的数据中心应用需求，既可以有效控制新建数据中心，又可以盘活存量资源，还可以促进集聚发展。**三是先行先试作用**。通过综合试验区，培育大数据交易等新做法，开展面向应用的数据交易市场试点，鼓励产业链上下游之间进行数据交换，探索数据资源的定价机制，规范数据资源交易行为，建立大数据投融资体系，激活数据资源潜在价值，促进形成新业态，为区域经济社会加速发展、加快转型、推动跨越提供有力支撑，更好地服务国家战略发展。

下一步，国家发展改革委将按照国务院的部署，发挥好牵头作用，抓紧建立统筹协调机制，联合有关部门、地方政府、社会企业，在政府数据开放共享、数据资源整合利用、产业发展、技术研发、法规标准、人才培养等多个方面统筹协调、扎实推进，促进大数据健康快速发展。①

① 国家发展改革委有关负责人就《关于促进大数据发展行动纲要》答记者问．国家发展改革委网站，http://www.ndrc.gov.cn/zcfb/jd/201509/t20150925_752279.html.